Diogenes Taschenbuch 22744

Voltaire

Briefe aus England

Herausgegeben, übersetzt und mit einem Nachwort von Rudolf von Bitter

Diogenes

Die Übersetzung
von Rudolf von Bitter
erschien erstmals 1985
Umschlagillustration:
Maurice Quentin de Latour,
›Portrait Voltaire‹, 1736
Foto:
Bibliothèque Nationale,
Paris

40/94/24/1
ISBN 3 257 22744 2

Erster Brief

Über die Quäker

Ich habe geglaubt, daß die Lehre und die Geschichte eines so außergewöhnlichen Volkes die Neugierde eines vernünftigen Menschen wert seien. Um mir davon Kenntnis zu verschaffen, suchte ich einen der bekanntesten Quäker[1] Englands auf, der, nachdem er dreißig Jahre im Handel tätig gewesen war, seinem Vermögen und seinen Bedürfnissen Grenzen zu setzen gewußt und sich auf ein Landgut bei London zurückgezogen hatte. Ich suchte ihn in seiner Abgeschiedenheit auf; es war ein kleines, aber voll Sorgfalt und ohne Zierat wohlgebautes Haus. Der Quäker war ein rüstiger Greis, der noch nie krank gewesen war, denn er kannte weder Leidenschaften noch Maßlosigkeit; noch nie in meinem Leben habe ich jemanden Vornehmeres und Einnehmenderes gesehen als ihn. Er trug wie alle seines Glaubens eine Tracht ohne seitliche Falten und ohne Knöpfe an Taschen und Ärmeln sowie einen großen Hut mit herabgeklappter Krempe in der Art unserer Kirchenleute. Er empfing mich mit dem Hut auf dem Kopf und kam auf mich zu, ohne seinen Körper auch nur im geringsten zu verneigen, aber es lag in seinem offenen und menschlichen Gesichtsausdruck mehr Höflichkeit als in der Gewohnheit, ein Bein hinter das andere zu ziehen und die Mütze in der Hand zu halten. »Freund«, sagte er mir,

»ich sehe, daß du fremd bist. Falls ich dir von irgendeinem Nutzen sein kann, brauchst du es nur zu sagen.«

»Mein Herr«, gab ich zurück, wobei ich mich verbeugte und nach unserer Gewohnheit einen Fuß vorschob, »ich schmeichle mir, daß Ihnen meine schlichte Neugierde nicht mißfällt und daß Sie mir die Ehre machen möchten, mich über Ihren Glauben zu unterrichten.«

»Die Leute deines Landes«, antwortete er mir, »machen zu viele Komplimente und Verbeugungen. Doch habe ich noch keinen von ihnen gesehen, der so neugierig war wie du. Tritt ein, und wir wollen zunächst gemeinsam essen.«

Ich machte noch ein paar schlechte Komplimente, weil man seine Gewohnheiten nicht mit einem Schlage loswerden kann. Nach einem gesunden und nahrhaften Mahl, das mit einem Gebet begann und endete, schickte ich mich an, meinen Mann zu befragen. Ich begann mit der Frage, die gute Katholiken den Hugenotten[2] mehr als einmal gestellt haben: »Mein werter Herr«, fragte ich ihn, »sind Sie getauft?«

»Nein«, antwortete mir der Quäker, »und meine Glaubensbrüder sind es auch nicht.«

»Ja wie, verdammt«, gab ich zurück, »Sie sind also keine Christen?«

»Mein Sohn«, erwiderte er sanft, »fluche nicht. Wir sind Christen und bemühen uns, gute Christen zu sein, aber wir glauben nicht, daß das Christentum darin besteht, kaltes Wasser mit einem bißchen Salz auf den Kopf zu schütten.«

»Ei potztausend«, rief ich außer mir ob dieser Gottvergessenheit, »es ist Ihnen also entfallen, daß Jesus Christus von Johannes getauft wurde?«

»Freund, noch einmal: keine Flüche«, sagte der sanfte Quäker. »Christus wurde von Johannes getauft, aber er selber hat nie irgend jemanden getauft. Wir sind nicht Schüler des Johannes, sondern Christi.«

»Oje«, meinte ich, »wie Sie verbrannt würden in den Ländern der Inquisition, armer Mann!... Eh! Im Namen Gottes, ich muß Sie taufen und zum Christen machen!«

»Wenn es bloß darum ginge, sich deiner Schwäche halber dazu herbeizulassen, täten wir es gerne«, erwiderte er gewichtig. »Wir verurteilen niemanden wegen des Gebrauchs der Taufzeremonien, aber wir glauben, daß sich diejenigen, die sich zu einem wirklich heiligen und andächtigen Glauben bekennen, aller jüdischen Zeremonien enthalten sollten, soweit sie können.«

»Das ist doch wohl die Höhe!« rief ich. »Jüdische Zeremonien!«

»Ja, mein Sohn«, fuhr er fort, »und zwar so jüdisch, daß manchmal auch heute noch einige Juden die Taufe des Johannes anwenden. Sieh dir die Antike an, sie wird dich lehren, daß Johannes lediglich einen Brauch wieder aufnahm, der schon lange vor ihm bei den Juden üblich war, ebenso wie die Pilgerfahrten nach Mekka bei den Ismaeliten.[3] Jesus wollte getauft werden, genauso wie er sich der Beschneidung unterzog; aber Beschneidung und Waschung sollten alle beide mit der Taufe Christi abgelegt sein, dieser Taufe des Geistes und Reinigung der Seele, die die Menschen erlöst. So sagte es auch der Wegbereiter Johannes: ›Wahrlich, ich taufe euch mit Wasser, aber ein anderer wird kommen nach mir, der mächtiger ist als ich, und dem die Sandalen zu tragen ich nicht würdig bin; dieser aber wird euch mit Feuer und Heiligem Geist taufen.‹[4] Genauso schrieb der große Apostel der Heiden, Paulus, an die Korinther: ›Christus hat mich nicht zum Taufen geschickt, sondern zum Predigen des Evangeliums‹; so taufte dieser Paulus auch nie mit Wasser, zwei Personen ausgenommen, und das auch nur gegen seinen Willen; er beschnitt seinen Schüler Timotheus, und auch die anderen Apostel beschnitten alle, die es wollten. Bist du beschnitten?« fügte er hinzu. Ich gab an, diese Ehre nicht zu haben. »Aha, Freund«, sagte er, »du bist Christ, ohne beschnitten, und ich, ohne getauft zu sein.«

So also mißbrauchte mein gottgeweihter Mann auf recht trügerische Art drei oder vier Sätze der Heiligen Schrift; und mit dem besten Glauben dieser Welt vergaß er einige hundert Passagen, die seine Ausführungen zunichte gemacht hätten. Ich hielt mich wohlweislich zurück, ihm mit Begründungen zu kommen; bei einem Enthusiasten[5] gibt's nichts zu gewinnen: Es ist falsch, einem Manne etwas von den Fehlern seiner Dame sagen zu wollen oder einem Redner von den Schwächen seiner Sache oder einem Erleuchteten etwas von Begründungen; so ging ich zu anderen Fragen über.

»Wie halten Sie es mit der Kommunion?«

»Gar nicht«, meinte er.

»Was! Keine Kommunion?«

»Nein, keine andere als die der Herzen.«

Dann zitierte er mir weiter aus der Schrift. Er hielt einen sehr schönen Sermon gegen die Kommunion und sprach zu mir mit dem Ton der Erleuchtung, um mir zu beweisen, daß alle Sakramente menschliche Erfindungen seien und daß das Wort Sakrament sich nicht ein einziges Mal im Evangelium finde. »Entschuldige meine Unkenntnis«, sagte er, »ich habe dir bloß ein Zehntel der Beweise meines Glaubens erbracht; du kannst sie aber in der Darstellung unseres Glaubens von Robert Barclay[6] sehen: Das ist eines der besten Bücher, die jemals von Menschenhand verfaßt wurden. Unsere Feinde sind sich einig, daß es sehr gefährlich sei; das zeigt, wie recht er hat.« Ich versprach ihm, dieses Buch zu lesen, und mein Quäker hielt mich schon für bekehrt.

Darauf legte er mir in kurzen Worten Rechenschaft ab über einige Besonderheiten, derentwegen seine Sekte der Geringschätzung der anderen ausgesetzt ist. »Gib zu«, sagte er, »daß du einigermaßen Mühe hattest, dir das Lachen zu verkneifen, als ich auf all deine Artigkeiten mit dem Hut auf dem Kopf und dich duzend geantwortet habe; dabei erscheinst du mir zu gelehrt, um nicht zu wissen, daß zur Zeit Christi kein Volk auf die Lachhaftigkeit verfallen war, die Einzahl durch die Mehrzahl zu ersetzen. Man sagte zu Kaiser Augustus: ›Ich liebe dich, ich bitte dich, ich danke dir‹; er duldete es noch nicht einmal, daß man ihn mit dominus, Herr, ansprach. Es war erst lange nach ihm, daß die Menschen darauf kamen, sich mit ›Sie‹ anstelle von ›du‹ anreden zu lassen, als wären sie doppelt, und sich ungebührliche Titel wie Hoheit, Eminenz und Heiligkeit anzumaßen, die sich die Regenwürmer untereinander verleihen, sich mit tiefem Respekt und lügnerischer Falschheit versichernd, ihr sehr untertäniger und gehorsamster Diener zu sein. Um mehr auf unserer Hut zu sein gegen diesen würdelosen Handel von Lügen und

Schmeicheleien, duzen wir gleichermaßen Könige und Flickschuster und grüßen niemanden, wir, die wir für die Menschen nur Liebe und Respekt nur vor den Gesetzen haben.

Unsere Kleidung ist auch ein bißchen anders als die anderer Leute, damit uns das eine ständige Mahnung sei, ihnen nicht zu gleichen. Die andern tragen die Zeichen ihrer Würde und wir die christlicher Demut; wir fliehen die Versammlungen des Vergnügens, das Theater und das Spiel, denn wir wären wohl recht zu bejammern, füllten wir unser Herz, in dem Gott wohnen soll, mit solchen Nebensächlichkeiten. Wir leisten keine Eide, auch nicht vor Gericht; wir meinen, daß der Name des Höchsten nicht in den elenden Diskussionen der Menschen entweiht werden soll. Wenn es nötig ist, daß wir vor dem Richter erscheinen wegen der Angelegenheiten anderer (denn wir prozessieren niemals), bezeugen wir die Wahrheit mit einem Ja oder einem Nein, und die Richter glauben uns auf unser schlichtes Wort, während so viele Christen über dem Evangelium meineidig werden. Wir ziehen nicht in den Krieg; nicht weil wir Angst hätten vor dem Tode, im Gegenteil, wir preisen den Augenblick, der uns mit dem höchsten Wesen vereint; sondern weil wir weder Wölfe noch Tiger, noch Bullenbeißer sind, sondern Menschen, Christen. Unser Gott, der uns befohlen hat, unsere Feinde zu lieben und ohne Klagen zu leiden, will bestimmt nicht, daß wir das Meer überqueren, um unsere Brüder abzumetzeln, nur weil rotgekleidete Mörder mit zwei Fuß hohen Mützen die Bürger anwerben, wobei sie mit zwei kleinen Stöcken auf einer gespannten Eselshaut herumlärmen. Und wenn nach den Siegen ganz London strahlt unter der Beleuchtung, der Himmel in Flammen steht von Raketen und die Luft bebt von Danksagungen, Glocken, Orgeln und Kanonen, dann beklagen wir still die Morde, die des allgemeinen Jubels Anlaß sind.«

1 Quäker: Von George Fox (1624–1691) um 1650 gegründete, in England und durch William Penn in den USA verbreitete religiöse Gemeinschaft. Die Quäker haben keine Sakramente, schwören nicht und lehnen jede kirchliche Hierarchie sowie den Gebrauch von Waffen ab.

2 Hugenotten: Ursprünglich Spottname für die Anhänger des Calvinismus in Frankreich (bis 1559 fast die Hälfte der französischen Bevölkerung).

3 Ismaeliten: Abgeleitet vom Namen Ismael, Sohn Abrahams und der Hagar, auf den sich arabische Stämme zurückführen.

4 »Wahrlich...«: Matthäus 3,11.

5 Enthusiast heißt bei Voltaire oft nichts anderes als Fanatiker.

6 Robert Barclay (1648–1690), Fürsprecher der Quäker, 1682–1688 nomineller Gouverneur der Quäker-Kolonie in New Jersey unter W. Penn. Verfaßte *Apologie der Quäker* (1675). Vgl. auch Brief III.

(In den Anmerkungen zu Personen wird nur erläutert, was im Zusammenhang der *Briefe aus England* von Interesse ist, da sie sonst zu lang würden.)

Zweiter Brief

Über die Quäker

So ungefähr war das Gespräch, das ich mit diesem eigentümlichen Manne hatte; aber ich war noch viel mehr überrascht, als er mich am folgenden Sonntag mitnahm zur Kirche der Quäker. Sie haben mehrere Kapellen in London; die, wohin ich ging, ist in der Nähe jener bekannten Säule, die man *das Monument*[1] nennt. Als ich mit meinem Führer eintrat, war man bereits versammelt. Es waren ungefähr vierhundert Männer in der Kirche und dreihundert Frauen: Die Frauen verdeckten sich das Gesicht mit ihren Fächern, die Männer trugen ihre breiten Hüte; alle saßen in tiefem Schweigen. Ich ging mitten zwischen ihnen hindurch, ohne daß ein einziger seinen Blick auf mich gerichtet hätte. Das Schweigen dauerte eine Viertelstunde. Schließlich erhob sich einer von ihnen, lüpfte seinen Hut und redete, nach einigen Grimassen und Seufzern, halb mit dem Mund, halb durch die Nase, ein verschrobenes Zeug aus dem Evangelium daher, woran er glaubte, und wovon weder er noch sonst jemand irgend etwas verstand. Als dieser krause Kopf seinen schönen Monolog beendet hatte und die Versammlung sich ganz erbaut und beduselt aufgelöst hatte, fragte ich meinen Menschen, warum die Klügeren von ihnen derartige Dummheiten über sich ergehen ließen. »Wir müssen sie dulden«, sagte er, »weil wir nicht wissen können, ob einer, der sich erhebt, um zu sprechen, vom Geist oder von der Torheit erleuchtet ist; im Zweifel hören wir ganz geduldig zu, wir erlauben sogar den Frauen zu reden. Oft finden sich zwei oder drei der Andächtigen auf einmal erleuchtet, und dann erhebt sich ein schöner Lärm im Hause des Herrn.« – »Sie haben also keine Priester?« fragte ich. – »Nein, mein Freund«, meinte der Quäker, »und wir fühlen uns wohl dabei. Gott gefiele es nicht, wenn wir es wagten, jemanden zu bestimmen, der jeden Sonntag den Heiligen Geist unter Ausschluß der anderen Gläubigen empfängt. Gott sei Dank sind wir die einzigen auf Erden, die keine Priester haben. Würdest du uns eine solch glückliche Unterscheidung nehmen wollen? Warum sollten wir unser Kind bezahlten Ammen überlassen, wenn wir Milch haben, die wir ihm geben können? Diese Söldner würden bald überhandnehmen und Mutter und Kind unterdrücken. Gott hat gesagt: ›Frei habt ihr genommen, frei sollt ihr wieder geben.‹ Werden wir nach diesen Worten um das Evangelium markten, den Heiligen Geist verkaufen und aus einer Versammlung von Christen einen Kaufladen machen? Wir geben kein Geld an schwarzgekleidete Männer, damit sie den Armen helfen, die Toten beerdigen, den Gläubigen predigen; diese heiligen Arbeiten sind uns zu teuer, um sie auf andere abzuwälzen.«

»Aber wie können Sie erkennen«, beharrte ich, »daß es der Geist Gottes ist, der Sie in Ihren Reden beseelt?« – »Wer auch immer«, sagte er, »Gott bittet, ihn zu erleuchten, und wer die Wahrheiten des Evangeliums, die er fühlt, verkündet, der sei sicher, daß Gott ihn erleuchtet.« Darauf überschüttete er mich mit Zitaten aus der Schrift, die seiner Meinung nach zeigten, daß es kein Christentum gibt ohne unmittelbare Offenbarung und fügte folgende bemerkenswerte Worte hinzu: »Wenn du eines deiner Glieder sich bewegen läßt, ist es deine eigene Kraft, die es bewegt? Sicherlich nicht, denn dieses Glied macht häufig unbeabsichtigte Bewegungen. Also ist es der, der deinen Leib geschaffen hat, der diesen Erdenkörper bewegt. Und die Ideen, die in deine Seele kommen – bist du es, der sie formt? Noch weniger, denn sie kommen ohne dich. Es ist also der Schöpfer deiner Seele, der dir deine Ideen gibt; da er nun aber deinem Herz die Freiheit gelassen hat, gibt er deinem Geist die Ideen, die dein Herz verdient. Du lebst in Gott, du handelst und du denkst in Gott. Du brauchst also nur die Augen zu öffnen für dieses Licht, das alle Menschen erleuchtet. Da wirst du die Wahrheit sehen, und du wirst sie sehen lassen.«

»Ah, sieh da! Das ist ja reinster Malebranche!«[2] rief ich. »Ich kenne deinen Malebranche«, meinte er, »er war ein wenig Quäker, aber er war es nicht genug.«

Dies hier ist das Wichtigste, was ich über die Lehre der Quäker erfahren habe. Im nächsten Brief werden Sie ihre Geschichte finden, die Ihnen noch eigentümlicher als ihre Lehre vorkommen wird.

1 Als Mahnmal der Feuersbrunst in London 1666 errichtet.

2 Nicolas Malebranche (1638–1715), gegenreformatorischer Philosoph, neben Arnold Geulincx Haupt des Okkasionalismus: Lehre, die von der Zweiheit von Seele und Leib ausgeht, die nicht wechselseitig aufeinander wirken können. Gott erzeugt bei Gelegenheit von leiblichen Bewegungen die seelischen Empfindungen und bei Willensakten die Muskelbewegungen.

Dritter Brief

Über die Quäker

Sie haben bereits gesehen, daß die Quäker sich von Jesus Christus herleiten, der nach ihrer Meinung der erste Quäker war. Der Glaube, sagen sie, wurde bald nach seinem Tode verdorben und blieb es ungefähr 1600 Jahre; aber es hat immer irgendwelche verborgenen Quäker auf der Welt gegeben, die sich um die Erhaltung des sonst überall erloschenen Feuers kümmerten, bis dieses Feuer sich schließlich im Jahre 1642 in England ausbreitete.

Es war zu der Zeit, als drei oder vier Sekten durch im Namen Gottes angezettelte Bürgerkriege[1] Großbritannien zerrütteten, daß einer namens George Fox[2], aus der Grafschaft Leicester, Sohn eines Arbeiters in Seide, sich darauf verlegte, als wahrer Apostel zu predigen, wie er das nannte, d. h. ohne lesen oder schreiben zu können; er war ein junger Mann von 25 Jahren, von untadeligen Sitten und auf gottgeweihte Weise spinnert. Er war von Kopf bis Fuß in Leder gehüllt; er ging von Dorf zu Dorf und schimpfte auf Krieg und Klerus. Hätte er bloß gegen die Kriegsleute gepredigt, er hätte nichts zu fürchten gehabt; aber er griff die Kirchenleute an: So steckte man ihn bald ins Gefängnis. Nach Derby vor das Friedensgericht gebracht, trat Fox mit seiner Ledermütze auf dem Kopf vor den Richter. Ein Scherge gab ihm eine saftige Ohrfeige und sagte zu ihm:

»Du Lump, weißt du nicht, daß man barhäuptig vor dem Herrn Richter zu erscheinen hat?« Fox hielt die andere Wange hin und bat den Schergen, ihm doch bitte um Gottes willen noch eine Ohrfeige zu versetzen. Der Richter von Derby wollte ihn vor dem Befragen einen Eid ablegen lassen. »Mein Freund«, sagte er zu dem Richter, »wisse, daß ich niemals den Namen Gottes unnütz nenne.« Als der Richter sah, daß dieser Mann ihn duzte, schickte er ihn zu den Petites Maisons[3] von Derby, um ihn dort peitschen zu lassen. George Fox ging, Gott preisend, in die Irrenanstalt, wo man nicht versäumte, den Spruch des Richters in aller Strenge auszuführen. Jene, die ihm die Buße mit der Peitsche beibrachten, waren recht erstaunt, als er sie bat, ihm zum Heil seiner Seele noch ein paar Rutenschläge mehr zu verabreichen. Die Herren ließen sich nicht bitten; Fox erhielt seine doppelte Portion und dankte ihnen sehr herzlich dafür. Er begann, zu ihnen zu predigen; erst lachte man, dann hörte man; und da Enthusiasmus eine ansteckende Krankheit ist, ließen sich einige überzeugen, und die ihn ausgepeitscht hatten, wurden seine ersten Schüler.

Aus seinem Gefängnis entlassen, durchzog er mit einem Dutzend Anhänger die Lande, nach wie vor gegen den Klerus predigend, und ausgepeitscht von Zeit zu Zeit. Eines Tages, er stand gerade am Pranger, redete er mit soviel Kraft zum Volke, daß er an die fünfzig Zuhörer überzeugte, und die übrigen nahm er so für sich ein, daß man ihn mit Ungestüm von seinem Loch zog. Man ging den anglikanischen Pfarrer holen, auf dessen Betreiben Fox zu jener Folter verurteilt worden war, und stellte ihn statt dessen an den Pranger.

Er traute sich auch, einige Soldaten Cromwells[4] zu bekehren, die das Waffenhandwerk verließen und den Eid verweigerten. Cromwell wollte keine Sekte, in der man sich nicht schlug, genauso wie Sixtus v.[5] sich nichts Gutes von einer Sekte versprach, *dove non si chiavava.*[6] Er bediente sich seiner Macht, um diese Neuen zu verfolgen, und füllte die Gefängnisse mit ihnen; aber die Verfolgungen hatten fast keine andere Wirkung, als ihre Anhängerschaft zu vergrößern: Sie verließen die Gefängnisse bestärkt in ihrem Glauben und gefolgt von ihren Kerkermeistern, die sie bekehrt hatten. Doch hier, was am meisten zur Verbreitung der Sekte beitrug: Fox hielt sich für erleuchtet. Folglich glaubte er, auf andere Art als andere Menschen reden zu müssen; er fing an zu zittern, sich zu krümmen und zu grimassieren, seinen Atem anzuhalten und ihn heftig auszustoßen; die delphische Priesterin[7] hätte es nicht besser gekonnt. In kurzer Zeit hatte er viel Routine mit der Erleuchtung, und bald darauf stand es kaum noch in seiner Macht, anders zu sprechen. Dieses war die erste Gabe, die er seinen Schülern mitgab. Sie schnitten guten Glaubens alle Grimassen ihres Meisters und zitterten mit aller Kraft bei der Erleuchtung. Von daher erhielten sie den Namen *Quaker*, was *Zitterer* heißt. Die kleinen Leute vergnügten sich, sie nachzumachen. Man zitterte, man sprach durch die Nase, hatte Gliederzucken und glaubte, den Heiligen Geist in sich zu haben. Sie brauchten nur noch ein paar Wunder, und die vollbrachten sie.

Der Patriarch Fox sagte öffentlich, vor einer großen Versammlung, zu einem Friedensrichter: »Freund, hüte dich;

Gott wird dich bald dafür bestrafen, daß du Heilige verfolgst.« Dieser Richter war ein Säufer, der täglich zuviel schlechtes Bier und Schnaps trank; zwei Tage später starb er am Schlagfluß, genau in dem Augenblick, als er eine Anordnung zur Festnahme einiger Quäker unterzeichnet hatte. Dieser plötzliche Tod wurde keineswegs der Unmäßigkeit des Richters zugeschrieben; alle betrachteten ihn als Auswirkung der Voraussage des heiligen Mannes.

Dieser Tod machte mehr Menschen zu Quäkern, als tausend Predigten und ebensoviel Gliederzucken vermocht hätten. Cromwell, der sah, wie ihre Anzahl täglich zunahm, wollte sie auf seine Seite ziehen: Er ließ ihnen Geld anbieten, doch sie waren unbestechlich; einmal bezeichnete er dies als die einzige Glaubensrichtung, der er mit seinen Guineen nicht hätte beikommen können.

Unter Charles II.[8] wurden sie gelegentlich verfolgt, doch nicht ihres Glaubens wegen, sondern weil sie dem Klerus nicht den Zehnten zahlen wollten, die Richter duzten und sich weigerten, die gesetzlich vorgeschriebenen Eide zu leisten.

Schließlich legte Robert Barclay, ein Schotte, 1675 dem König seine *Apologie der Quäker*[9] vor, ein Werk, so gut wie es nur sein konnte. Die Zuschrift an Charles II. enthält keine flauen Schmeicheleien, sondern gewagte Wahrheiten und treffliche Ratschläge.

»Du hast«, sagt er am Ende seiner Widmung an Charles, »geschmeckt von der Süße und Bitternis, vom Wohlergehen und den größten Unglücken, du bist aus den Ländern gejagt worden, wo du regierst; du hast die Last der Unterdrückung gespürt, und du mußt wissen, wie verabscheuungswürdig der Unterdrücker ist vor Gott und den Menschen. So sehr, daß, wenn sich dein Herz nach so vielen Beweisen und Segnungen verhärtete und den Gott vergäße, der sich deiner bei deinen Mißgeschicken entsann, dein Verbrechen um so größer und deine Verurteilung um so schrecklicher wäre. Statt also die Schmeichler deines Hofes anzuhören, höre die Stimme deines Gewissens, die dir niemals schmeicheln wird. Dein treuer Freund und Untertan Barclay.«

Noch erstaunlicher ist, daß dieser Brief, von einem unbekannten einzelnen an einen König geschrieben, seine Wirkung hatte und daß die Verfolgung aufhörte.

1 Bürgerkriege: Der Bürgerkrieg zwischen Cromwell und König Charles I. von England dauerte von 1641–1647.

2 Fox: vgl. 1. Brief.

3 Petites Maisons: Heilanstalt von Paris zur Zeit Voltaires.

4 Oliver Cromwell (1599–1658) führt den Bürgerkrieg gegen Charles I. ab 1641. Wird 1653 Lordprotektor mit absoluter Macht, löst das Parlament auf.

5 Sixtus V. (1521–1590), Papst von 1585–1590.

6 Dove...: Wo man's nicht trieb.

7 Delphische Priesterin: Anspielung auf Pythia, die Priesterin des Orakels in Delphi.

8 Charles II. (1630–1685), 1660–1685 König von England.

9 *Apologie:* Diese Schrift Barclays (vgl. 1. Brief Anm. 6) diente Voltaire als Vorlage für einige Details bei der Darstellung der Quäker.

Vierter Brief
Über die Quäker

Um diese Zeit tauchte der berühmte William Penn[1] auf, der die Macht der Quäker in Amerika aufbaute und der ihnen auch in Europa Respekt verschafft haben würde, wenn die Leute Tugend auch in lachhafter Erscheinung achten könnten; er war einziger Sohn des Ritters Penn, Vize-Admiral von England und Günstling des Herzogs von York, des späteren Jacob II.[2]

William Penn traf im Alter von fünfzehn Jahren in Oxford, wo er studierte, auf einen Quäker; dieser Quäker überzeugte ihn, und der junge Mann, der lebhaft war und von Natur beredt und der Würde hatte in seinem Äußeren und in seiner Art, gewann bald einige seiner Kameraden. Nach und nach baute er eine Gesellschaft junger Quäker auf, die sich bei ihm versammelte; dergestalt, daß er mit sechzehn Jahren ein Haupt der Sekte war.

Als er nach dem Ende der College-Zeit wieder zu seinem Vater kam, dem Vize-Admiral, redete er ihn, statt nach Brauch der Engländer vor ihm niederzuknien und ihn um seinen Segen zu bitten, mit dem Hut auf dem Kopf an und sagte ihm: »Ich bin recht froh, mein Freund, dich bei voller Gesundheit zu sehen.« Der Vize-Admiral meinte, sein Sohn sei närrisch geworden, aber er bemerkte bald, daß er Quäker war. Er setzte alle der menschlichen

Vernunft möglichen Mittel ein, ihn zu veranlassen, so zu leben wie die anderen. Die Antwort des jungen Mannes war, seinen Vater aufzufordern, selber Quäker zu werden.

Schließlich begnügte sich der Vater, ihn um nichts anderes mehr zu bitten, als den König oder den Herzog von York mit dem Hut unter dem Arm besuchen zu gehen und sie nicht zu duzen. William gab zurück, daß ihm das sein Gewissen nicht erlaube, und der empörte und verzweifelte Vater jagte ihn aus dem Haus. Der junge Penn dankte Gott für das, was er schon jetzt um seiner Sache willen zu leiden hatte; er ging predigen in der Stadt und gewann dort viele Anhänger.

Die Reden der Prediger wirkten stets bekehrend, und da Penn jung, schön und gut gebaut war, kamen auch die Frauen vom Hof und aus der Stadt andächtig herbeigelaufen, um ihn zu hören. Der Patriarch George Fox[3] kam auf Grund seines Rufes vom anderen Ende Englands, um ihn in London zu sehen; beide beschlossen, im Ausland zu missionieren. Nachdem sie eine gute Anzahl Arbeiter zurückgelassen hatten, die sich um die Weinstöcke von London kümmerten, schifften sie sich nach Holland ein. Ihre Arbeit hatte Erfolg in Amsterdam; was sie aber am meisten ehrte und ihre Demut am meisten gefährdete, war der Empfang, den ihnen die pfälzische Prinzessin Elisabeth[4] bereitete, eine Tante Georgs I.[5], König von England, die berühmt war für ihren Geist und ihr Wissen und der Descartes[6] seinen Roman von der Philosophie gewidmet hatte.

Sie lebte damals zurückgezogen in Haag, wo sie die *Freunde* sah, wie man die Quäker damals in Holland nannte; sie hatte mehrere Zusammenkünfte mit ihnen, sie predigten oft bei ihr, und sie gestanden zumindest ein, daß sie, wenn sie aus ihr auch keine perfekte Quäkerin machten, nicht weit war vom Himmelreich.

Die Freunde säten auch in Deutschland, ernteten aber wenig. Man fand keinen Geschmack an der Duzmode in einem Lande, wo man stets Ausdrücke wie Hoheit und Exzellenz auf der Zunge haben muß. Bald kehrte Penn auf die Nachricht von der Erkrankung seines Vaters hin nach England zurück; er sah ihn noch in seinen letzten Zügen. Der Vize-Admiral vertrug sich mit ihm und umarmte ihn zärtlich, trotz seines anderen Glaubens; William forderte ihn vergebens auf, die Sakramente nicht zu empfangen und als Quäker zu sterben; der gute alte Mann riet William umsonst, sich Manschettenknöpfe und eine Hutschnur zuzulegen.

William erbte ein großes Vermögen, worunter sich Schulden befanden für Vorschüsse, die der Vize-Admiral bei seinen Meerexpeditionen geleistet hatte. Damals war nichts weniger gesichert als vom König geschuldetes Geld; Penn mußte mehr als einmal Charles II.[7] und seine Minister duzen gehen wegen der Bezahlung. 1680 gab ihm die Regierung anstelle von Geld Eigentum und Selbständigkeit einer amerikanischen Provinz, südlich von Maryland: Und siehe, ein Quäker war Herrscher geworden. Seitdem nannte man das Land nach Penns Namen *Pennsylvania*. Dort gründete er die Stadt *Philadelphia*, die heute wirklich blüht. Er begann, sich mit den amerikanischen Nachbarn zu verbünden. Das ist der einzige Vertrag zwischen diesen Völkern und Christen, der nichts beeidigt und in nichts gebrochen wurde. Der neue Herrscher war auch Gesetzgeber von Pennsylvania; er gab sehr weise Gesetze, von denen bisher keines geändert wurde. Deren erstes ist, niemanden seines Glaubens wegen zu mißhandeln und jeden, der an einen Gott glaubt, als Bruder anzusehen.

Er hatte seine Herrschaft noch nicht lange errichtet, als mehrere amerikanische Kaufleute diese Kolonie bevölkern kamen. Die Eingeborenen des Landes paßten sich nach und nach den Quäkern an, statt in die Wälder zu flüchten: Sosehr sie die anderen Christen, die Eroberer und Zerstörer Amerikas, haßten, so schätzten sie diese Neuankömmlinge. In kurzer Zeit kam eine Masse dieser angeblichen Wilden, denen es die Sanftmut ihrer Nachbarn angetan hatte, und baten William, sie als seine Untertanen aufzunehmen. Das war wohl ein ungewohnter Anblick, so ein Herrscher, den alle Welt duzte, zu dem man mit dem Hut auf dem Kopf sprach, ein Staat ohne Priester, ein Volk ohne Waffen, alle Bürger gleich bis hin zur Gerichtsbarkeit, und Nachbarn ohne Neid.

William Penn konnte sich brüsten, das goldene Zeitalter, von dem man so viel spricht, auf Erden zu haben, und das es wahrscheinlich nur in Pennsylvanien gegeben hat. Wegen Angelegenheiten seines neuen Landes kehrte er nach dem Tode Charles II. nach England zurück. König Jacob, der seinen Vater geschätzt hatte, hatte alle Sympathien für den Sohn und betrachtete ihn nicht mehr als obskuren Sektierer, sondern als sehr großen Mann; die Politik des Königs entsprach darin seinem Geschmack. Er wollte den Quäkern schmeicheln, als er die gegen die Nonkonformisten gemachten Gesetze abschaffte, um den katholischen Glauben in der Gunst dieser Freiheit wieder einführen zu können. Alle Sekten Englands sahen diese Falle und fielen nicht darauf herein; sie sind immer noch vereint gegen den Katholizismus, ihren gemeinsamen Feind. Aber Penn glaubte nicht, auf seine Prinzipien verzichten zu müssen zugunsten der Protestanten, die ihn haßten, gegen einen König, der ihn schätzte. Er hatte die Gedankenfreiheit in Amerika eingeführt, und er hatte keine Lust, den Eindruck zu machen, sie in Europa zerstören zu wollen; also blieb er Jacob II. treu bis zum Moment, da man ihn beschuldigte, Jesuit[8] zu sein. Diese Verleumdung setzte ihm erheblich zu, er war gezwungen, sich in öffentlichen Schriften dagegen zu rechtfertigen. Inzwischen verlor der unselige Jacob II., der wie fast alle Stuarts aus Größe und Schwäche zusammengesetzt war und der wie sie zu wenig und zu viel daraus machte, sein Königreich, ohne daß man hätte sagen können, wie das passierte.

Alle englischen Sekten[9] erhielten von Wilhelm III.[10] und seinem Parlament eben dieselbe Freiheit, die sie nicht aus den Händen Jacobs hatten nehmen wollen. Damals begannen die Quäker kraft Gesetz in den Genuß all der Privilegien zu kommen, die sie jetzt innehaben. Penn kehrte nach Pennsylvania zurück, nachdem er seine Sekte endlich unangefeindet in seinem Geburtsland eingerichtet sah. Die Seinen und die Amerikaner empfingen ihn unter Freudentränen wie einen Vater, der zurückkommt, um seine Kinder zu sehen. Alle seine Gesetze waren fromm beachtet worden während seiner Abwesenheit, was noch keinem Gesetzgeber vor ihm passiert ist. Er blieb einige Jahre in Pennsylvania; schließlich verließ er es gegen seinen Willen, um in London um neue Vorteile für den Handel der Pennsylvanier nachzusuchen. Seither lebte er in London bis in ein hohes Alter, angesehen als Haupt eines Volkes und eines Glaubens. Er starb erst 1718.

Seinen Nachfahren erhielt man Besitz und Herrschaft über Pennsylvania, das sie dem König für 12000 verkauften. Die Geschäfte des Königs erlaubten ihm nur, 1000 davon zu bezahlen. Ein französischer Leser wird vielleicht glauben, daß die Regierung den Rest in Schuldscheinen bezahlte und auch die Herrschaft an sich brachte: Mitnichten, als die Krone die Bezahlung der gesamten Summe in der festgelegten Zeit nicht leisten konnte, wurde der Vertrag annulliert, und Penns Familie trat wieder in ihre Rechte ein.

Ich kann das Ende der Quäker in Amerika nicht vorhersagen, aber ich sehe, wie sie in London von Tag zu Tag weniger werden. In allen Ländern schluckt die herrschende Glaubensrichtung, wenn es keine Verfolgung gibt, auf die Dauer alle anderen. Die Quäker können keine Parlamentsmitglieder sein noch irgendein Amt ausfüllen, weil sie dazu Eide ablegen müßten, aber nicht schwören wollen. Sie sind darauf angewiesen, im Handel Geld zu verdienen; ihre Kinder, reich vom Fleiß der Väter, wollen Freude haben und Ehre, Knöpfe und Manschetten; sie schämen sich, Quäker genannt zu werden, und werden Protestanten, um mit der Mode zu gehen.

1 William Penn (1644–1718), gründet 1682 die Kolonie Pennsylvania, vgl. Voltaires Ausführungen.

2 Jacob II. (1633–1701), Sohn von Charles I. und Henriette de France, wird 1685 beim Tode seines Bruders Charles II. König von England. Autoritär und gewalttätig, entfremdet er sich dem englischen Volk durch seinen Übertritt zum

Katholizismus und durch seine Verbindung zu Louis XIV. Wird 1688 von Wilhelm III. von Oranien gestürzt.

3 Fox: vgl. Brief I.

4 Elisabeth von Böhmen, pfälzische Prinzessin (1618–1680), zunächst Schülerin Descartes', wendet sich nach und nach dem Mystizismus zu.

5 Georg I. (1660–1727), Kurfürst von Hannover seit 1698 und König von England 1714 bis 1727.

6 René Descartes (1596–1650), französischer Philosoph, Mathematiker und Naturwissenschaftler. Begründete den von der philosophischen Souveränität der Vernunft überzeugten modernen Rationalismus. Beeinflußt von scholastischer Denkweise und humanistischer Geisteshaltung. Vorgehensweise: methodischer Zweifel und schrittweise Überwindung dieses Zweifels. Dabei bleibt als einzige unbezweifelbare Tatsache das zweifelnde Denken selber (Cogito, ergo sum – Ich denke, also bin ich), das zum Ausgangspunkt der cartesianischen Philosophie wird.

Beweis für das Dasein Gottes ist das Auftreten der Idee von Gott; das Vorhandensein einer klaren und deutlichen Vorstellung von der Welt ist Beweis für ihre Existenz. Es gibt also Gott als ungeschaffene und Denken und Ausdehnung (= Materie, die Welt) als geschaffene Substanzen. Der Mensch ist »denkende Substanz«, sein Leib ist eine Maschine. Die Materie besteht aus kleinsten Körperchen.

Im Artikel *Sensation* im *Philosophischen Taschenwörterbuch* schreibt Voltaire: »In seinen Romanen behauptet Descartes, wir hätten metaphysische Ideen, bevor wir überhaupt die Zitze unserer Amme kennten; eine theologische Fakultät ächtete diese Lehre, nicht etwa, weil sie falsch war, sondern weil sie neu war. Später nahm sie diesen Irrtum an, weil er von Locke widerlegt worden war, dem englischen Philosophen, und weil es wohl sein mußte, daß ein Engländer unrecht hatte.«

7 Charles II. vgl. Brief III.

8 Jesuit: Mitglied der vom heiligen Ignatius von Loyola 1534 in Paris gegründeten Gesellschaft Jesu (Societas Jesu). Unter Louis XIV. hatten jesuitische Geistliche erheblichen politischen Einfluß, z. B. Père Lachaise.

9 Alle englischen Sekten: Im Jahre 1688 landet Wilhelm III. von Oranien in England, Jacob II. flieht. 1698 genehmigt Wilhelm III. durch die »Bill of Rights« die Rechte des Parlaments.

10 Wilhelm III. von Oranien (1650–1702), Erbstatthalter der Niederlande seit 1674, König von England ab 1689.

Fünfter Brief

Über den anglikanischen Glauben

Dies hier ist das Land der Sekten. Als freier Mann kommt der Engländer auf dem Wege, der ihm paßt, in den Himmel.

Indessen ist – obwohl hier jeder auf seineWeise Gott dienen kann – ihr wirklicher Glaube, der, mit dem man es zu etwas bringt, die Sekte der Episkopalen, anglikanische Kirche[1] genannt, oder Kirche schlechthin. Man kann weder in England noch in Irland eine Arbeit bekommen, ohne zu den Anglikanern zu gehören; dieser Grund, der ein hervorragender Beweis ist, hat so viele Nonkonformisten bekehrt, daß heute nicht einmal mehr ein Zwanzigstel des Volkes außerhalb des Schoßes der herrschenden Kirche ist.

Der anglikanische Klerus hat viele katholische Sitten beibehalten, insbesondere die, mit gewissenhafter Aufmerksamkeit den Zehnten zu erheben. Dazu kommt der fromme Ehrgeiz, den Ton anzugeben.

Außerdem stiftet er seine Schafe so viel er kann zu einem heiligen Eifer gegen die Nonkonformisten an. Dieser Eifer war recht lebhaft unter der Herrschaft der Tories während der letzten Jahre Königin Annes[2]; aber er bewirkte nicht viel mehr als ein gelegentliches Einwerfen der Kirchenfenster bei den Häretikern[3]; denn das Wüten der Sekten hat in England mit den Bürgerkriegen aufgehört, und es waren unter Königin Anne nur mehr die gedämpften Töne eines noch lange nach dem Sturm bewegten Meeres. Als die Whigs und die Tories[4] ihr Land aufspalteten wie früher die Welfen und Waiblinger[5], war es wohl nötig, daß der Glaube Partei ergriff. Die Tories waren fürs Episkopat[6], die Whigs wollten es abschaffen, doch sie haben sich damit begnügt, es zu schwächen, als sie das Sagen bekamen.

Zu der Zeit, als Graf Harley von Oxford[7] und Lord Bolingbroke[8] auf die Gesundheit der Tories trinken ließen, betrachtete sie die anglikanische Kirche als Verteidiger ihrer heiligen Rechte. Die Versammlung des niederen Klerus, die eine aus Klerikern zusammengesetzte Art Gemeindekammer ist, genoß damals einiges Ansehen; zumindest war sie im Genuß der Freiheit, sich zu versammeln, zu widersprechen und von Zeit zu Zeit unfromme Bücher verbrennen zu lassen, das heißt solche, die gegen sie geschrieben waren. Die Regierung, heute Whig, erlaubt diesen Herren nicht einmal, ihre Versammlung abzuhalten; sie beschränken sich in der Verborgenheit ihres Sprengels darauf, Gott für die Regierung zu bitten, die zu stören sie nicht abgeneigt wären. Was die insgesamt 26 Bischöfe angeht, so sitzen die zum Verdruß der Whigs in der Oberkammer, weil der alte Mißbrauch, sie als Barone zu betrachten, noch immer besteht. Aber sie haben in der Kammer nicht mehr Macht als die Herzöge und Pairs im Pariser Gericht. Es gibt da eine Klausel im an den Staat geleisteten Eid, die die christliche Geduld dieser Herren auf die Probe stellt.

Man gelobt dort, zur Kirche zu gehören, weil diese vom

Gesetz eingerichtet ist. Es gibt kaum einen Bischof, Dekan oder Erzpriester, der sich nicht göttlichem Recht zugehörig fühlt; es ist für sie also ein wichtiger Teil der Kasteiung, zuzugeben, verpflichtet zu sein, daß sie alles einem elenden Gesetz von ungeweihten Laien zu verdanken haben. Ein Mönch (der Pater Courayer[9]) hat vor kurzem ein Buch geschrieben, um die Gültigkeit und die Nachfolgerschaft der anglikanischen Weihen zu beweisen. In Frankreich ist das Werk verboten worden; doch glauben Sie, es hätte der englischen Regierung gefallen? Keineswegs. Diese verfluchten Whigs kümmerte es reichlich wenig, ob die episkopale Nachfolge bei ihnen unterbrochen war oder nicht und ob Bischof Parker[10] in einer Kneipe (wie man es will) oder in einer Kirche geweiht wurde; sie möchten vielmehr, daß die Bischöfe ihre Autorität vom Parlament beziehen statt von den Aposteln. Lord B…[8] meint, daß diese Idee vom göttlichen Recht nur dazu dient, Tyrannen in Bischofsmantel und Chorhemd zu schaffen, daß das Gesetz aber Staatsbürger schafft.

In Anbetracht der Sitten lebt der anglikanische Klerus geregelter als der Frankreichs; hier der Grund dazu: Alle Kleriker werden in den Universitäten von Oxford und Cambridge ausgebildet, weit weg von der Verderbtheit der Hauptstadt; in kirchliche Würden werden sie erst sehr spät berufen und in einem Alter, wo die Menschen als einzige Leidenschaft noch den Geiz haben, wenn es ihrem Ehrgeiz an Nahrung fehlt. Ämter sind hier die Entschädigung für lange Dienste in der Kirche ebenso wie in der Armee; man sieht da keine jungen Bischöfe oder Oberste, die gerade vom Kolleg kommen. Dazu sind die Priester fast alle verheiratet; die in den Universitäten angenommene Unwirschheit und der wenige Umgang, den man hier mit den Frauen hat, bewirken, daß ein Bischof normalerweise darauf angewiesen ist, sich mit der seinigen zufriedenzugeben. Die Priester gehen manchmal ins Wirtshaus, weil der Brauch es ihnen erlaubt, und wenn sie sich betrinken, dann seriös und ohne Skandal.

Jenes undefinierbare Wesen, das weder Kleriker noch weltlich ist, mit einem Wort, was man Abbé[11] nennt, ist eine in England unbekannte Gattung; die Kleriker sind hier alle verschlossen und fast alle pedantisch. Wenn sie hören, daß in Frankreich junge Leute, bekannt für ihre Ausschweifungen und mit Hilfe der Intrigen von Frauen zu Prälaten aufgezogen, es öffentlich treiben, zarte Lieder dichten, alle Tage erlesene und lange Essen geben und so den Heiligen Geist herabflehen wollen und sich kühn Nachfolger der Apostel nennen, dann danken sie Gott, Protestanten zu sein. Aber das sind gemeine Ketzer, mit allen Teufeln zu verbannen, wie Meister François Rabelais[12] sagt; deshalb mische ich mich auch nicht in ihre Angelegenheiten ein.

1 Die anglikanische Kirche entstand, vorbereitet durch die antirömischen Kirchengesetze seit Edward III. und die Ideen Wiclifs, 1534 mit der Loslösung Henrys VIII. von Rom. Henry VIII. blieb als König auch Oberhaupt der Kirche. Unter Elisabeth wird der Anglikanismus Staatsreligion (1562).

2 Anne Stuart (1665–1714), Tochter Jacobs II., folgt 1702 Wilhelm von Oranien. Versuchte vergeblich, wieder die Stuarts zur Königsfamilie zu machen. Ihr Nachfolger war Georg I. von Hannover.

3 Häretiker = Ketzer.

4 Whigs und Tories: Die Whigs sind die Mitglieder der ursprünglich antikatholischen Parlamentspartei in England, die sich auf das Bürgertum stützt. Die Tories sind die monarchistisch eingestellten Parteigänger der Stuarts.

5 Welfen und Waiblinger (Guelfen und Ghibellinen): Die Kämpfe der Guelfen und Ghibellinen in Italien sind ohne Beziehung zur Hausgeschichte der Wel-

fen. Guelfen und Ghibellinen entstanden während des Kampfes der Anhänger des Welfen Otto IV. und des Staufers Friedrich II. (Waiblinger). 1212–1218 als Bezeichnungen für die Parteien gegen das Kaisertum (Guelfen) bzw. der Reichsanhänger (Ghibellinen). Später, Ende des 13. Jahrhunderts, Bezeichnung für politische Parteien (Guelfen – Volkspartei; Ghibellinen – Adel) oder Machtgruppen. Die Begriffe bleiben bis ins 17. Jahrhundert lebendig.

6 Episkopat: Kirche mit bischöflicher Verfassung.

7 Robert Harley, Graf von Oxford (1661–1724), britischer Staatsmann, seit 1690 Mitglied des Unterhauses, Staatssekretär und später Schatzkanzler unter den Whigs, 1711 Leiter des Torykabinetts unter Königin Anne.

8 Lord Henry Saint-John Viscount of Bolingbroke (1678–1751), Tory, Außenminister unter Königin Anne, Philosoph, Freund Voltaires. Voltaire schützt Bolingbrokes Namen gelegentlich vor, wenn er etwas Gewagtes behauptet.

9 Pierre-François le Courayer (1681–1776), katholischer Theologe. Erklärt 1723 die apostolische Folge der anglikanischen Kirche für gültig. Wird daraufhin exkommuniziert, zieht sich nach England zurück.

10 Matthew Parker (1504–1575), 1559 von Königin Elisabeth zum Erzbischof von Canterbury ernannt.

11 Abbé: Titel der niederen Weltgeistlichen in Frankreich.

12 François Rabelais (1494–1553), französischer Schriftsteller, Mönch, Arzt. Vgl. auch Brief XXII.

Sechster Brief
Über die Presbyterianer

Der anglikanische Glaube ist nur in England und Irland verbreitet. In Schottland herrscht der Presbyterianismus[1] vor. Das ist nichts anderes als purer Calvinismus[2], so wie er in Frankreich eingeführt worden ist und in Genf noch besteht. Da die Priester dieser Sekte von ihrer Kirche nur sehr mäßig bezahlt werden und daher nicht im selben Luxus leben können wie die Bischöfe, sind sie natürlich dazu übergegangen, sich über die Ehren, die sie nicht erreichen können, das Maul zu zerreißen. Stellen Sie sich den hochmütigen Diogenes[3] vor, wie er Platos[4] Stolz mit Füßen tritt: Die Presbyterianer ähneln nicht schlecht diesem stolzen wie armen Nörgler. Sie behandelten König Charles II.[5] mit mehr Nichtachtung als Diogenes Alexander.[6] Denn als sie für ihn die Waffen gegen Cromwell[7] ergriffen, der sie getäuscht hatte, ließen sie den armen König vier Gebete täglich ausstehen; sie verboten ihm zu spielen; sie ließen ihn Buße tun; so gut, daß Charles es bald müde wurde, König solcher Zöpfe zu sein und sich ihrem Zugriff entzog wie ein Schüler, der aus dem Internat ausbricht.

Neben einem jungen und lebhaften französischen Abiturienten, der morgens in der Theologieschule kräht und abends mit den Damen singt, ist ein anglikanischer Theologe ein Cato[8]; neben einem schottischen Presbyterianer aber erscheint dieser Cato wie ein Schwerenöter. Jener trägt einen gewichtigen Gang zur Schau und tut verärgert, trägt einen weiten Hut, einen langen Mantel über kurzem Rock, predigt durch die Nase und bezeichnet als Hure Babylons jede Kirche, wo ein paar Kleriker das Glück haben, 50000 Livres Rente zu beziehen, und wo das Volk gutmütig genug ist, das zu dulden und sie mit Mein Herr, Euer Hoheit und Euer Eminenz anzureden.

Diese Herren, die auch ein paar Kirchen in England haben, brachten in diesem Lande die wichtigen und gestrengen Mienen in Mode. Sie sind es, denen man das Heilighalten des Sonntags in den drei Königreichen zu verdanken hat; es ist an diesem Tage verboten zu arbeiten und sich die Zeit zu vertreiben, was das Doppelte der Strenge der katholischen Kirche ist; keine Oper, keine Theater, keine Konzerte am Sonntag in London; selbst Karten sind so ausdrücklich verboten, daß es nur noch Personen von Stand und sogenannte Ehrenleute gibt, die an diesem Tage Karten spielen. Der Rest des Volkes geht zur Andacht, in die Kneipe oder zu den Freudenmädchen.

Obgleich die episkopale und die presbyterianische die beiden vorherrschenden Sekten sind in Großbritannien, sind auch all die anderen dort wohlgelitten, und sie leben ganz gut zusammen, wobei der Großteil ihrer Prediger mit fast ebensoviel Herzlichkeit untereinander verfeindet ist, wie ein Jansenist[9] einen Jesuiten verdammt.

Gehen Sie in die Londoner Börse, dieser Ort ist respektierlicher als mancher Hof; Sie sehen dort die Abgesandten aller Völker zum Wohle der Menschheit versammelt. Da handeln der Jude, der Mohammedaner und der Christ einer mit dem anderen, als seien sie desselben Glaubens, und bezeichnen nur die Bankrotteure als untreu; da vertraut sich der Presbyterianer dem Anabaptisten[10] an, und der Anglikaner erhält das Wort des Quäkers. Beim Verlassen dieser friedfertigen und freien Versammlungen gehen die einen zur Synagoge, die anderen trinken; dieser läßt sich in einer großen Wanne taufen im Namen des Vaters durch den Sohn vom Heiligen Geist, jener läßt seinem Sohn die Vorhaut beschneiden und über seinem Kind hebräische Worte murmeln, die es nicht versteht, jene anderen gehen in die Kirche, um die Erleuchtung Gottes mit dem Hut auf dem Kopf abzuwarten, und alle sind zufrieden.

Wenn es in England nur einen Glauben gäbe, müßte man Despotismus fürchten; gäbe es zwei, schnitten sie sich die Hälse ab; aber es gibt dreißig davon, und sie leben glücklich und in Frieden.

1 Presbyterianer. In Schottland 1541 gegründet vom calvinistischen Reformator John Knox (1505–1572). Die Presbyterianer sind die Anhänger der reformierten Kirchen Englands, die im Gegensatz zur bischöflichen anglikanischen Kirche als Verfassungsprinzip die calvinistische Gemeindeordnung haben, nach der der Prediger des Evangeliums vom Volk gewählt wird. Die Pastoren sind also untereinander gleich, Bischöfe gibt es nicht.

2 Calvinismus: Gegründet von Jean Calvin (1509–1564), französischer Reformator, mußte wegen seines protestantischen Glaubens Frankreich verlassen. Begründet in Genf neue Form der protestantischen Kirche. Schließt an Luther an, richtet sich streng nach der Bibel.

3 Diogenes von Sinope in Kleinasien (404–323 v. Chr.), griechischer Philosoph und bekanntester Vertreter des Kynismus, der Lehre der Bedürfnislosigkeit und Selbstgenügsamkeit; dazu gehörte Ablehnung der Kultur und der Sitten. Diogenes wurde zum Urbild der »kynischen Schamlosigkeit« und des Sichgehenlassens. Auf ihn beziehen sich die Anekdoten vom Philosophen, der in der Tonne wohnt und der Alexander den Großen, als dieser ihn besuchte und ihm eine Bitte erfüllen wollte, bat, aus der Sonne zu gehen.

4 Plato (427–347 v. Chr.), neben Aristoteles bedeutendster griechischer Philosoph, Schüler des Sokrates.

5 Charles II. vgl. Brief III.
6 Alexander der Große (356–323 v. Chr.) 336–323 v. Chr. griech. König. Siehe oben »Diogenes«.
7 Cromwell vgl. Brief III.
8 Marcus Porcius Cato, genannt Maior oder Censorius (234–149 v. Chr.), römischer Politiker und Schriftsteller. Vertreter des alten sittenstrengen Römertums gegen den Hellenismus. Sein Name wird im klassisch gebildeten Frankreich bildhaft für Sittenstrenge und Selbstdisziplin gebraucht.
9 Jansenisten: Begründet von Cornelius Jansen (1585–1638), der an den Lehren des Augustinus festhielt und sich scharf gegen das Jesuitentum wandte (vgl. Brief IV). Nach dem Verbot der Jesuiten in den sechziger Jahren des 18. Jahrhunderts kamen sie zu politischer Macht. Katholische Innerlichkeit: Gnadenwahl Gottes, Sündhaftigkeit des Menschen (Ursünde), Bußübungen, Weltverneinung, Kunstfeindlichkeit.
10 Anabaptisten = Wiedertäufer.

Siebter Brief

Über die Sozinianer oder Arianer oder Antitrinitarier

Es gibt hier eine kleine, aus Klerikern und hochgebildeten Laien zusammengesetzte Sekte, die weder den Namen Arianer noch Sozinianer[1] annehmen, die auch keineswegs der Ansicht des St. Athanasius[2] in Sachen Dreieinigkeit sind, und die Ihnen sagen, der Vater stehe über dem Sohn.

Erinnern Sie sich jenes Bischofs, der, um einen Kaiser von der Wesensgleichheit zu überzeugen, darauf kam, den Sohn des Kaisers unterm Kinn zu fassen und ihm im Beisein seiner geweihten Majestät an der Nase zu ziehen? Der Kaiser wollte das seinem Bischof schon übelnehmen, als ihm der gute Mann folgende schöne und überzeugende Sätze sagte: »Mein Herr, wenn Eure Majestät böse sind, weil man es gegenüber Ihrem Sohne an Respekt mangeln läßt, wie glauben Sie, daß Gott die behandeln wird, die Jesus Christ die Titel verweigern, die ihm zustehen?« Die Leute, von denen ich Ihnen erzähle, sagen, daß der würdige Bischof sehr unklug war, daß sein Argument nichts weniger als beweiskräftig war und daß ihm der Kaiser antworten mußte: »Nehmen Sie zur Kenntnis, daß es zwei Arten gibt, es mir gegenüber an Respekt fehlen zu lassen: erstens, meinen Sohn nicht zu ehren; zweitens, ihn zu ehren wie mich.«

Wie dem auch sei, die Anhängerschaft des Arius beginnt, sich wieder zu beleben in England, genauso wie in Holland und in Polen. Der großartige Herr Newton[3] erwies dieser Richtung die Ehre, sie zu bevorzugen; dieser Philosoph meinte, die Unitarier dächten geometrischer als wir. Aber der unerschütterlichste Gönner der arianischen Lehre ist der berühmte Doktor Clarke.[4] Dieser Mann ist von strenger Tugend und sanftem Charakter, mehr Liebhaber seiner Ansichten als leidenschaftlich im Sammeln von Anhängern, einzig und allein mit Berechnungen und Darstellungen beschäftigt, eine wahre Räsoniermaschine.

Er ist Autor eines reichlich wenig verstandenen, aber geschätzten Buches über die Existenz Gottes, und eines anderen verständlichen, aber ziemlich mißachteten über die Wahrheit des christlichen Glaubens.

Er hat sich nicht in schöne scholastische Streitgespräche verwickelt, die unser Freund… ehrwürdige Hirngespinste nennt; er hat sich damit zufriedengegeben, ein Buch drucken zu lassen, das alle Zeugnisse der ersten Jahrhunderte für und gegen die Unitarier enthält, und er hat es die Sorge der Leser sein lassen, die Stimmen zu zählen und zu urteilen. Das Buch des Doktors hat jenen viele Anhänger eingebracht, ihn aber gehindert, Erzbischof von Canterbury zu werden; ich glaube, daß der Doktor sich geirrt hat in seiner Rechnung, und daß es besser wäre, Primas von England zu sein als arianischer Pfarrer.

Sie sehen, welche Wendungen sich in den Meinungen wie in den Königreichen vollziehen können. Die Anhängerschaft des Arius steigt, nach 300 Jahren Triumph und zwölf Jahrhunderten Vergessenheit, wieder aus ihrer

Asche auf, aber sie hat den Moment sehr schlecht gewählt, zu einer Zeit wieder zu erscheinen, wo die Welt von Disputen und Sekten gesättigt ist.

Diese hier ist noch zu klein, um die Freiheit zu öffentlichen Versammlungen zu erhalten, sie erhält sie bestimmt, wenn sie größer wird. Aber man ist zur Zeit so lau bei alledem, daß man da kaum noch sein Glück machen kann mit einem neuen oder erneuerten Glauben: Ist es nicht spaßig, daß Luther[5], Calvin[6], Zwingli[7] und alle Schriftsteller, die man nicht lesen kann, Sekten gegründet haben, die Europa aufteilen, daß der ungelehrte Mohammed[8] Asien und Afrika einen Glauben gegeben hat, und daß die Herren Newton, Clarke, Locke[9], Le Clerc[10] etc., die größten Philosophen und Federn unserer Zeit, es kaum haben zuwege bringen können, eine kleine Gefolgschaft zusammenzubekommen, die sich auch noch täglich vermindert?

Da sieht man, was es heißt, zur rechten Zeit auf die Welt zu kommen. Wenn der Kardinal von Retz[11] heute wieder erschiene, er würde in Paris nicht einmal zehn Frauen zusammentrommeln.

Wenn Cromwell[12] wiedergeboren würde, der, der seinen König köpfen ließ und sich zum Herrscher machte, er wäre ein schlichter Kaufmann in London.

1 Arianer (aus dem 4. Jahrhundert), Sozinianer (16. Jh.) und die englischen Anti-Trinitarier (oder Unitarier) gleichzustellen, ist eine Vereinfachung Voltaires. Die Gemeinsamkeit der drei religiösen Bewegungen besteht in der Ablehnung der Lehre von der Dreieinigkeit Gottes. Voltaire will damit Alter und Verbreitung dieser Idee betonen.
Lelio Sozzini (1525–1562) gründet den Sozinianismus als antitrinitäre Lehre. Geleugnet wird die Gotthaftigkeit Jesu, dessen einziges Privileg das Predigen des Evangeliums war. Im 18. Jahrhundert ist »Sozinianer« gleichbedeutend mit Deismus, der unter den Philosophen der Aufklärung verbreiteten Glaubensform.

Arius (286–336), alexandrinischer Priester, der Gott für über dem Wort stehend erklärte und die Gotthaftigkeit Jesu leugnete.

2 St. Athanasius (289–373), Patriarch von Alexandrien. Trat für die Wesensgleichheit von Gott und Christus ein. Erreicht 325 die Verdammung des Arianismus auf dem Konzil von Nicea.

3 Isaak Newton (1643–1727), englischer Mathematiker, Physiker und Philosoph. Betonte die Notwendigkeit einer streng mechanischen, kausalen und mathematischen Naturerklärung, die sich aller unnötigen Hypothesen enthält. Vgl. auch Briefe XII, XIV ff.

4 Samuel Clarke (1675–1729), englischer Philosoph. Unternimmt Gottesbeweise mit Hilfe der reinen Vernunft. Führte 1715 und 1716 Diskussionen mit Leibnitz über Raum und Zeit.

5 Martin Luther (1483–1546), Schöpfer der deutschen Reformation.

6 Calvin vgl. Brief VI, »Calvinismus«.

7 Ulrich Zwingli (1483–1531), Reformator, Humanist. Beeinflußt von Stoa und Renaissance-Platonismus.

8 Mohammed (ca. 570–632), Stifter des Islam. Seine Offenbarungen sind im *Koran* niedergelegt.

9 John Locke (1632–1704), englischer Philosoph, Hauptvertreter des Empirismus, Sensualist: Nichts ist im Verstand, wenn es nicht zuvor mit den Sinnen wahrgenommen wurde.

10 Jean Le Clerc (1657–1736), Genfer Kritiker und Gelehrter.

11 Jean-François-Paul de Gondi, Cardinal de Retz (1613–1679), beteiligt sich an der Fronde (vgl. Brief VIII). 1654 Erzbischof von Paris.

12 Cromwell, vgl. Brief III.

Achter Brief
Über das Parlament

Die Mitglieder des englischen Parlaments lieben es, sich mit den alten Römern zu vergleichen, sooft sie das können.

Es ist nicht lange her, daß Herr Shipping[1] im Unterhaus seine Rede mit folgenden Worten begann: »Die Hoheit des englischen Volkes wäre verletzt« usw. Die Einzigartigkeit des Ausdrucks verursachte großes Gelächter; aber er wiederholte, ohne sich ablenken zu lassen, mit fester Stimme dieselben Worte, und man lachte nicht mehr. Ich gestehe, nichts Gemeinsames zu sehen zwischen der Hoheit des englischen Volkes und der des römischen, noch weniger zwischen ihren Regierungen. In London gibt es einen Senat, von dem einige Mitglieder, wenn auch sicherlich zu Unrecht, verdächtigt werden, ihre Stimme gelegentlich zu verkaufen, wie man es in Rom tat: und das ist schon alles an Gemeinsamkeit. Im übrigen erscheinen mir die beiden Völker völlig verschieden, sei es im guten, sei es im schlechten. Bei den Römern hat man nie den entsetzlichen Irrsinn der Glaubenskriege gekannt; solcherlei Greuel blieben den ergebenen Predigern von Demut und Geduld vorbehalten. Marius und Sulla, Pompejus und Cäsar, Antonius und Augustus[2] bekämpften sich keineswegs, um zu entscheiden, ob der *Flamen*[3] sein Hemd über seiner Robe tragen sollte, oder die Robe über dem Hemd, und ob die heiligen Hühner vor dem Deuten der Vorzeichen essen und trinken sollten oder doch nur essen. Die Engländer haben sich früher gegenseitig durch Gerichtsspruch hängen lassen und haben sich untereinander für derlei Streitereien in Schlachtordnung vernichtet; die Sekte der Episkopalen und der Presbyterianismus[4] haben eine Zeitlang diese ernsthaften Köpfe verdreht. Ich glaube, daß ihnen eine derartige Dummheit nicht mehr unterlaufen wird; sie scheinen mir auf eigene Kosten klug zu werden, und ich sehe bei ihnen keine Lust, einander künftig noch für Syllogismen umzubringen.

Hier ein wesentlicher Unterschied zwischen Rom und England, dessen Vorteile ganz auf der Seite des letzteren sind: Das Ergebnis der Bürgerkriege in Rom war die Sklaverei; das der Wirren Englands die Freiheit. Das englische Volk ist das einzige der Erde, dem es gelungen ist, die Macht der Könige durch Widerstand einzuschränken, und das schließlich unter immer neuen Anstrengungen eine kluge Regierungsform errichtet hat, bei der der Fürst allmächtig ist, Gutes zu tun, zum Übelwollen aber die Hände gebunden hat, wo die Herren ohne Übermut und ohne Knechte groß sind und wo das Volk ohne Schwierigkeiten an der Regierung teilhat.

Oberhaus und Unterhaus sind die Richter des Volkes, der König ist der Oberrichter. Dieses Gleichgewicht fehlte den Römern: Die Oberen und das Volk waren immer geteilt in Rom, ohne daß es eine Mittelsmacht gegeben hätte, die sie hätte einigen können. Der römische Senat, der den ungerechten und sträflichen Hochmut hatte, nichts mit den Plebejern teilen zu wollen, kannte, um sie von der Regierung fernzuhalten, kein anderes Mittel, als sie stets in Auslandskriegen zu beschäftigen. Sie sahen das Volk als ein wildes Tier an, das man, aus Angst, es könne seinen Herrn fressen, auf die Nachbarn loslassen müsse. So machte der größte Fehler der Römer Eroberer aus ihnen; weil sie in der Heimat unglücklich waren, wurden sie die Herren der Welt, bis ihre Zwistigkeiten sie schließlich zu Sklaven machten.

Die englische Regierung ist nicht gemacht für einen so großen Bruch, noch für ein so leidiges Ende; ihr Ziel ist nicht der glanzvolle Irrsinn des Eroberns, sondern vielmehr zu verhindern, daß die Nachbarn Eroberungen machen. Das Volk bewacht nicht nur seine Freiheit, sondern auch die der anderen. Die Engländer waren ergrimmt gegen Louis XIV.[5], bloß weil sie ihn für herrschsüchtig hielten. Sie bekriegten ihn aus freien Stücken, ganz sicherlich ohne irgendein eigennütziges Interesse.

Es war sicherlich teuer, die Freiheit in England zu errichten; den Götzen der despotischen Macht hat man in einem Meer von Blut ertränkt; doch die Engländer glauben keineswegs, gute Gesetze zu teuer bezahlt zu haben. Die anderen Völker haben nicht weniger Wirren gehabt, haben nicht weniger Blut vergossen als jene; aber ihr für die Sache der Freiheit vergossenes Blut hat lediglich ihre Knechtschaft gefestigt.

Was in England eine Revolution wird, ist in anderen Ländern allenfalls ein Aufruhr. Eine Stadt ergreift die Waffen[6], um ihre Rechte zu verteidigen, sei es in Spanien, bei den Berbern oder in der Türkei: alsbald wird sie von

Söldnern unterjocht, von Henkern bestraft, und der Rest des Volkes küßt seine Ketten. Die Franzosen meinen, die Regierung dieser Insel sei stürmischer als das Meer drumherum, und das ist wahr; aber nur, wenn der König den Sturm anfacht, wenn er sich zum Herrn des Schiffes machen will, dessen erster Steuermann er doch bloß ist. Die Bürgerkriege in Frankreich waren länger, grausamer und reicher an Verbrechen als die in England; doch hatte von all diesen Bürgerkriegen keiner eine gerechte Freiheit zum Ziel.

In den abscheulichen Zeiten von Charles IX.[7] und Henri II.[8] handelte es sich lediglich darum, festzustellen, ob man Sklave der Willkür sei. Was den letzten Krieg in Paris angeht, so verdient er allenfalls, ausgepfiffen zu werden; es scheint mir, daß ich dabei Schüler sehe, die sich gegen ihren Präfekten auflehnen und am Ende mit Stöcken gezüchtigt werden. Der Kardinal von Retz[9], mit viel falsch genutztem Geist und Mut, Rebell ohne Grund, ein absichtsloser Störenfried und Parteiführer ohne Waffen, schmiedete Ränke um der Ränke willen und schien den Bürgerkrieg zu seinem Spaß anzuzetteln. Die Gerichtsbarkeit wußte weder, was er wollte, noch was er nicht wollte; er hob Truppen per Verfügung aus und löste sie wieder auf, er drohte und bat um Entschuldigung, er setzte Kopfgeld aus auf Kardinal Mazarin[10] und machte ihm mit Zeremonien Komplimente. Unsere Bürgerkriege unter Charles VI.[11] waren grausam, die der Liga[12] abscheulich, der der Fronde[13] war lächerlich.

Was man in Frankreich den Engländern am meisten vorhält, ist das Schicksal Charles' I.[14], der von seinen Besiegern so behandelt wurde, wie er sie behandelt haben würde, hätte er Erfolg gehabt.

Betrachten Sie nach alldem Charles I., in geordneter Schlacht besiegt, gefangen, gerichtet und verurteilt in Westminster einerseits, und andererseits Kaiser Heinrich VII.[15], von seinem Kaplan bei der Kommunion vergiftet. Henri III.[16], von einem Mönch ermordet, der die Wut einer ganzen Partei vertrat, dreißig gegen Henri IV.[17] geplante Attentate, von denen mehrere ausgeführt wurden und deren letztes Frankreich dieses großen Königs beraubte. Wägen Sie diese Attentate, und urteilen Sie.

1 Shipping: Unterhausabgeordneter.

2 Innenpolitische Gegner im Römischen Reich: Gajus Marius (156–86 v. Chr.) und Lucius Cornelius Sulla (138–78 v. Chr.); Gnäus Pompejus (106–48 v. Chr.) und Gajus Julius Cäsar (100–44 v. Chr.); Marcus Antonius (83–30 v. Chr.) und Augustus, eigentlich Gajus Octavianus (63 v. Chr.–14 n. Chr.).

3 Flamen = Opferpriester im alten Rom.

4 Episkopale und Presbyterianismus vgl. Briefe V und VI.

5 Louis XIV. (1638–1715), König von Frankreich 1661–1715, absolutistischer Herrscher, Kunstfreund, »Sonnenkönig«.

6 Eine Stadt ergreift...: Anspielung auf die Revolte von Katalonien 1714 und auf die Aufstände von Ägypten (1726), Tunis und Smyrna (1728).

7 Charles IX. (1560–1574), König von Frankreich; gab Einverständnis zur Bartholomäusnacht.

8 Henri II. (1519–1559), ab 1547 König von Frankreich.

9 Retz vgl. Brief VII.

10 Jules Mazarin (1602–1661), Kardinal, leitender französischer Minister, setzt nach dem Tod Richelieus 1642 dessen Politik fort. Gründet 1648 Pariser Kunstakademie. Unterdrückt 1653 die Fronde (vgl. unten Anm. 13) zugunsten des Absolutismus.

11 Charles VI., König von Frankreich, 1380–1422, wurde 1392 wahnsinnig. Während seiner Herrschaft kam es in Paris zu Aufständen gegen die Steuern, nach 1392 stritten die Herzöge von Orléans und von Burgund um die Macht, und Adel und Bürgertum bekämpften einander.

12 Liga = Gegenreformatorische Bewegung zur Verteidigung des katholischen Glaubens gegen die Hugenotten, um 1568 von Herzog Henri de Guise gegründet. Unter ihm wird bald eine politische Bewegung gegen Henri III. (vgl. unten Anm. 16) daraus.

13 Fronde = Aufrührerische Bewegung gegen Anne d'Autriche und Mazarin, gegen Mazarins Absolutismus und auch wegen der Steuern, mit denen die Lasten

des 30jährigen Krieges getragen werden sollten. Später nur noch Interessenkampf zwischen Regierung und Fürsten (1648–1653).

14 Charles I. (1600–1649), König von England 1625–1649, absolutistischer Herrscher. Nachfolger Jacobs I. (vgl. Brief XII), regiert ab 1629 ohne Parlament. Ab 1641 Bürgerkrieg (gegen Cromwell), 1649 hingerichtet.

15 Heinrich VII. von Luxemburg (1275–1313), römisch-deutscher Kaiser 1308–1313.

16 Henri III. (1551–1589), ab 1574 französischer König, letzter Valois. Führte 1585 den 8. Hugenottenkrieg der Katholischen Liga, trat 1588 über zu den Hugenotten, 1589 ermordet.

17 Henri IV. (1553–1610), auch Henri le Grand = der Große, König von Frankreich 1589 bis 1610. Stärkte die innere Situation Frankreichs mit Hilfe seines Ministers Sully. Von einem Katholiken ermordet. Voltaire widmet ihm sein Epos *La Henriade*.

Neunter Brief

Über die Regierung

Diese geglückte Zusammensetzung der englischen Regierung, diese Harmonie unter Commons[1], Lords und König hat nicht immer bestanden. England war lange Zeit versklavt, von den Römern, den Sachsen, den Dänen und den Franzosen. Vor allem Wilhelm der Eroberer[2] regierte dort mit eisernem Szepter; er verfügte über Besitz und Leben seiner neuen Untertanen wie ein orientalischer Monarch; unter Androhung der Todesstrafe verbot er es den Engländern zu wagen, nach acht Uhr abends noch Feuer oder Licht bei sich zu haben, sei es, weil er meinte, damit ihren nächtlichen Versammlungen vorzubeugen, sei es, weil er mit einem so abwegigen Verbot ausprobieren wollte, wie weit ein Mensch gehen kann mit seiner Macht über andere.

Es ist wahr, daß die Engländer vor und nach Wilhelm dem Eroberer Parlamente hatten; sie sind darauf stolz, als wären diese Versammlungen, damals Parlament genannt und zusammengesetzt aus klerikalen Despoten und Barone genannten Plünderern, die Wächter über Freiheit und allgemeines Glück gewesen.

Die Barbaren, die sich von der Küste des Baltischen Meeres aus mit dem übrigen Europa mischten, brachten den Brauch dieser Stände oder Parlamente mit, um die man so viel Lärm macht und die man so wenig kennt. Die

Könige waren damals nicht despotisch, das stimmt; aber die Völker stöhnten um so mehr unter einer elenden Knechtschaft. Die Häuptlinge dieser Wilden, die Frankreich, Italien, Spanien und England verheert hatten, machten sich zu Monarchen, ihre Hauptleute teilten sich in das Land der Besiegten. Daher diese Markgrafen, Lairds[3], Barone und Untertyrannen, die häufig mit ihrem König um die bei den Völkern gemachte Beute stritten. Das waren Raubvögel, die mit einem Adler um das Blut der Tauben kämpften; jedes Volk hatte hundert Tyrannen anstelle eines Herrn. Die Priester waren bald mit von der Partie. Seit allen Zeiten waren die Gallier, die Germanen und die englischen Inselbewohner dazu bestimmt, von ihren Druiden[4] und den Häuptern ihrer Dörfer regiert zu werden, die eine frühere Sorte Barone sind, aber nicht so despotisch wie ihre Nachfolger. Die Druiden nannten sich Vermittler zwischen der Gottheit und den Menschen; sie machten Gesetze, exkommunizierten, verurteilten zum Tode. Die Bischöfe übernahmen Stück für Stück ihren vergänglichen Einfluß in der Führung der Goten und Vandalen. Die Päpste setzten sich an ihre Spitze und ließen die Könige zittern vor ihren Breven[5], Bullen[6] und Mönchen, enteigneten sie, ließen sie ermorden und zogen alles Geld an sich, dessen sie in Europa habhaft werden konnten. Der dußlige Inas, einer der Gewaltherrscher der englischen Heptarchie[7], war der erste, der sich bei einer Pilgerfahrt nach Rom darein fügte, den Zehnten des St. Peter (was ungefähr einem Taler unserer Währung entspräche) für jedes Haus seines Herrschaftsgebietes zu zahlen. Die ganze Insel folgte bald diesem Beispiel. England wurde immer mehr eine Provinz des Papstes; der Heilige Vater schickte von Zeit zu Zeit Abgesandte dorthin, enorme Steuern einzutreiben. Johann ohne Land[8] vermachte seiner Heiligkeit, die ihn exkommuniziert hatte, schließlich in aller Form sein Königreich als Schenkung; die Barone, die sich dabei nicht auf ihre Kosten kommen sahen, verjagten diesen elenden König; an seine Stelle setzten sie Louis VIII.[9], den Vater des heiligen Ludwig[10], Königs von Frankreich; doch sie wurden seiner bald überdrüssig und ließen ihn wieder übers Meer nach Hause fahren.

Während so die Barone, Bischöfe und Päpste England zerteilten, wo alle das Volk befehligen wollten, sahen sie den größten, ja tugendhaftesten und folglich achtbarsten Teil der Menschen, zusammengesetzt aus jenen, die Gesetze und Wissenschaften studieren, aus Kaufleuten, Handwerkern, in einem Wort aus allen, die nicht Tyrannen waren, das Volk, sage ich, sahen sie an als ein unter den Menschen stehendes Tier. Es fehlte noch viel zur Teilnahme der Commons an der Regierung; das waren Hintersassen, deren Arbeit und deren Blut den Herren gehörten, die sich Adlige nannten. Der größte Teil der Menschen in Europa war, was sie noch sind in mehreren Teilen des Nordens: Knechte eines Herrn, eine Art Vieh, das man mit dem Land kauft und verkauft. Es brauchte Jahrhunderte, um der Menschheit Gerechtigkeit widerfahren zu lassen, um zu merken, daß es schlecht ist, wenn die Mehrheit sät und die Minderheit erntet; und ist es nicht ein Glück für die Menschheit, daß die Herrschaft dieser kleinen Räuber in Frankreich von der gesetzmäßigen Macht unserer Könige und in England von der gesetzmäßigen Macht der Könige und des Volkes ausgelöscht wurde?

Glücklicherweise haben sich die Ketten der Völker bei den Erschütterungen, die die Zwistigkeiten zwischen Königen und Großen in den Königreichen verursachten, mehr oder minder gelöst; die Freiheit in England ist aus Tyrannenzwist hervorgegangen. Die Barone zwangen Johann ohne Land und Henry III.[11], jener berühmten Charta zuzustimmen, deren Hauptziel in Wirklichkeit war, die Könige abhängig zu machen von den Lords, in der aber der Rest der Nation ein wenig begünstigt wurde, damit sie sich bei dieser Gelegenheit auf die Seite ihrer angeblichen Beschützer stelle. Diese Magna Charta[12], die als geheiligter Grundstein der englischen Freiheiten angesehen wird, läßt deutlich sehen, wie wenig die Freiheit bekannt war. Der Titel allein zeigt, daß der König sich für von Rechts wegen absolut hielt, und daß die Barone und der Klerus ihn nur deshalb zwangen, von diesem vorgeschützten Recht zurückzutreten, weil sie die Stärkeren waren.

Die Magna Charta beginnt folgendermaßen: »Wir gewähren aus freien Stücken folgende Privilegien den Erzbischöfen, Bischöfen, Äbten, Propsten und Baronen unseres Königreiches, usw.«

In den Artikeln dieser Charta ist kein Wort gesagt über das Unterhaus, Beweis, daß es das noch nicht oder ohne Machtbefugnisse gab. Man zählt die Freien Englands einzeln auf: traurige Darstellung, daß es solche gab, die es nicht waren. Man sieht in Artikel 32, daß diese angeblich freien Menschen ihren Herren Dienste schuldeten. Eine solche Freiheit enthielt noch viel Sklaverei.

In Artikel 21 befiehlt der König, daß seine Offiziere den Freien fortan nur noch gegen Bezahlung Pferde und Wagen nehmen dürfen, und diese Bestimmung erschien dem Volk als eine wirkliche Freiheit, weil sie eine noch größere Tyrannei aufhob.

Henry VII.[13], geschickter Usurpator und großer Politiker, der so tat, als möge er die Barone, sie aber haßte und fürchtete, kam auf die Idee, die Veräußerung ihrer Länder zu ermöglichen. In der Folge kauften die Hintersassen, die durch ihre Arbeit zu Besitz kamen, die Schlösser der illustren Pairs[14], die sich mit ihrem Leichtsinn ruiniert hatten. Nach und nach wechselten alle Güter ihren Herren.

Das Unterhaus wurde von Tag zu Tag mächtiger. Die Familien der alten Pairs erloschen mit der Zeit; und da es eigentlich nur die Pairs gibt, die bei strenger Auslegung des Gesetzes in England adelig sind, würde es überhaupt keinen Adel mehr geben in England, wenn nicht die Könige gelegentlich neue Barone gekürt und den Stand der Pairs aufrechterhalten hätten, den sie früher so gefürchtet hatten, um ihn nun dem der zu gefährlich gewordenen Commons entgegenzustellen.

Alle diese neuen Pairs, die das Oberhaus stellen, erhalten vom König ihren Titel und nichts darüber hinaus; fast keiner von ihnen besitzt das Land, dessen Namen er trägt. Der eine ist Herzog von Dorset und hat keinen Fingerbreit Erde in Dorsetshire, der andere ist Graf eines Dorfes und weiß kaum, wo das liegt. Sie haben Macht im Parlament und nirgendwo sonst.

Sie hören hier weder von hoher, mittlerer und niederer Gerichtsbarkeit sprechen noch vom Recht eines Bürgers, auf dem Land zu jagen; er hat nicht die Freiheit, einen Gewehrschuß auf seinem eigenen Feld abzufeuern.

Ein Mann ist keineswegs von der Zahlung bestimmter Steuern befreit, weil er adlig ist oder Priester; die Steuern werden vom Unterhaus festgelegt, das dem Rang nach unter, der Geltung nach aber über dem Oberhaus steht.

Die Herren und Bischöfe können wohl die Bill[15] für Steuern des Unterhauses zurückweisen, aber sie dürfen nichts daran ändern; sie haben sie anzunehmen oder ohne Bedingung zurückzuweisen. Wenn die Bill von den Lords bestätigt und vom König genehmigt ist, zahlt jeder. Niemand gibt nach seinem Rang (was unsinnig ist), sondern gemäß seinem Einkommen; es gibt weder Lehnzins noch willkürliche Kopfsteuer, sondern eine wirkliche Bodensteuer. Sie sind alle unter dem bekannten König Wilhelm III.[16] *veranschlagt* und unter Wert festgelegt worden.

Die Steuer bleibt immer gleich, obwohl die Erträge der Ländereien zugenommen haben; so ist niemand benachteiligt, und niemand beklagt sich. Der Bauer hat keine in Holzschuhen wundgelaufenen Füße, er ißt weißes Brot, ist anständig gekleidet und muß sich weder hüten, die Anzahl seiner Tiere zu erhöhen, noch, sein Dach mit Schindeln zu decken, weil man deshalb im folgenden Jahr seine Steuern anheben würde. Es gibt hier viele Bauern, die Besitz für ungefähr 200 000 Francs haben, und die es nicht ablehnen, weiter den Boden zu bebauen, der sie reich gemacht hat und auf dem sie frei leben.

1 Commons = die sogenannten »Gemeinen«, die Mitglieder des englischen Unterhauses, während die Lords, die Adligen, im Oberhaus sitzen.
2 Wilhelm I. der Eroberer (1027–1087), ab 1066 König von England.

3 Laird = Grundherr, Lehnherr in England.
4 Druide = Priester bei den keltischen Völkern.
5 Breven = päpstliche Briefe.
6 Bulle = die gewichtigste Form päpstlicher Verlautbarungen.
7 Die angelsächsische Heptarchie: Die sieben Königreiche von Kent, Sussex, Wessex, Essex, Northumberland, East-Anglie und Mercie, im 5. und 6. Jahrhundert von den Angeln und Sachsen gegründet, erschöpften sich bis zu ihrer Einigung 827 zu einem Königreich in unaufhörlichen Kämpfen. Inas war der zwölfte König von Wessex und von 689–726 Haupt der Heptarchie. Er gründete 724 in Rom eine Schule zur Unterweisung der englischen Priester und führte zu deren Unterhalt die unter dem Namen des ›Zehnten des St. Peter‹ bekannte Steuer ein.
8 Johann ohne Land, König von England 1199–1216, muß 1215 den Adligen die Magna Charta zugestehen (vgl. unten Anm. 12).
9 Louis VIII., König von Frankreich 1223–1226.
10 Louis IX. (der Heilige), König von Frankreich 1226–1270. Stärkt Zentralgewalt; schafft Gottesurteile ab.
11 Henry III., König von England 1216–1272, Sohn Johanns ohne Land. Seine Geldforderungen führen zum Aufstand der Barone, die ihn 1258 zur Bestätigung der Magna Charta und zur Einführung dreier jährlicher Parlamente zwingen.
12 Magna Charta = englisches Freiheitsgrundgesetz von 1215 (Privilegien der Städte, freier Verkehr der Kaufleute, Erblichkeit der Lehen, Steuern nur mit Zustimmung der Barone, freie Wahl der Bischöfe durch die Geistlichkeit).
13 Henry VII. (1457–1509), König von England 1485–1509, erster Tudor, Erbe der Thronansprüche des Hauses Lancaster, besiegt Richard III. aus dem Hause York. Stärkt Königsmacht; Einführung der Sternkammer (vgl. Brief XXIII).
14 Pairs, peers = in Frankreich und England Bezeichnung für einen politisch bevorrechtigten Kreis von Hochadligen. Bilden in England das Oberhaus. Titel: Lord.
15 Bill = Urkunde, Gesetzesvorlage, Gesetz, wenn es um die Eintreibung von Geld geht.
16 Wilhelm III., vgl. Brief IV.

Zehnter Brief

Über den Handel

Der Handel, der die Bürger Englands reich gemacht hat, hat dazu beigetragen, sie frei zu machen, und diese Freiheit hat ihrerseits den Handel gefördert; von daher hat sich die Größe des Staates gebildet. Es ist der Handel, der nach und nach die Seekräfte aufbaute, auf Grund derer die Engländer die Herren der Meere sind. Sie haben zur Zeit an die 200 Schlachtschiffe. Die Nachwelt wird vielleicht mit Erstaunen feststellen, daß eine kleine Insel, die an sich nur ein bißchen Blei, Zink, Walkerde und grobe Wolle hat, mit ihrem Handel stark genug geworden ist, 1723 drei Flotten auf einmal an drei Enden der Welt zu schicken, eine vor Gibraltar, das mit ihren Waffen erobert und gehalten wurde, die andere nach Porto-Bello, um dem spanischen König die Freude an den Schätzen Indiens zu nehmen, und die dritte ins baltische Meer, um die Nordmächte zu hindern, sich zu schlagen.

Als Louis XIV.[1] Italien zittern machte und seine Armeen bereits Savoyens und Piemonts Herr geworden waren und bereit, Turin zu nehmen, war es erforderlich, daß Prinz Eugen[2] dem Herzog von Savoyen von Deutschland aus zu Hilfe kam; er hatte kein Geld, ohne das man Städte weder nimmt noch verteidigt; er wandte sich an englische Kaufleute; binnen einer halben Stunde hatte man 5 Millionen[3] für ihn zusammen. Damit befreite er Turin, schlug die Franzosen und schrieb jenen, die ihm diese Summe geliehen hatten, folgende Note: »Meine Herren, ich habe Ihr Geld erhalten, und ich meine, es zu Ihrer Zufriedenheit gebraucht zu haben.«

All das verschafft dem englischen Kaufmann einen gerechten Stolz und bewirkt, daß er sich, nicht ohne Grund, mit einem römischen Bürger zu vergleichen wagt. Desgleichen verachtet der Zweitgeborene eines königlichen Pairs nicht den Handel. Lord Townshend, Minister, hat einen Bruder, der sich damit zufrieden gibt, Kaufmann in der Stadt zu sein. Zu der Zeit, als Lord Oxford[4] England regierte, war sein jüngerer Bruder Kommissionär in Aleppo, von wo er nicht zurückkehren wollte und wo er gestorben ist.

Diese Sitte, die jedoch allzusehr im Verschwinden begriffen zu sein scheint, ist den auf ihre Ahnen fixierten Deutschen ein Greuel; sie könnten es nicht fassen, daß der Sohn eines englischen Pairs ein wohlhabender und einflußreicher Bürger sein sollte, wo doch in Deutschland alles Fürst ist; man hat bis zu dreißig Hoheiten gleichen Namens gesehen mit keinem anderen Besitz als Wappen und Hochmut.

In Frankreich ist Marquis, wer will; und wer immer aus einer Provinz in Paris ankommt mit Geld, das er ausgeben kann, und einem Namen auf *-ac* oder *-ille*, kann sagen: »Ein Mann wie ich, ein Mann meines Standes«, und in Ruhe einen Kaufmann verachten; der Kaufmann selbst hört so oft mit Verachtung von seinem Beruf reden, daß er dumm genug ist, darüber zu erröten. Ich aber weiß nicht, was einem Staat nützlicher ist, ein wohlgepuderter Herr, der genau weiß, zu welcher Stunde der König sich erhebt, zu welcher er zu Bett geht, und der sich etwas von Größe gibt, wenn er im Vorzimmer eines Ministers die Rolle eines Sklaven spielt, oder ein Kaufmann, der sein Land bereichert, aus seinem Kontor Orders nach Surate und Kairo gibt und zum Guten der Welt beiträgt.

1 Louis XIV. vgl. Brief VIII.
2 Prinz Eugen von Savoyen-Carignan (1663–1736), General in österreichischen Diensten, nachdem Louis XIV. seine Dienste abgelehnt hatte.
3 5 Millionen: In manchen Ausgaben der *Briefe aus England* heißt es auch 50 Millionen. 5 Millionen scheint richtig zu sein.
4 Oxford vgl. Brief V.

Elfter Brief

Über die Pockenimpfung

Im christlichen Europa sagt man verständnisvoll, die Engländer seien Narren und Tollköpfe; Narren, weil sie ihre Kinder mit Pocken anstecken, um sie zu hindern, welche zu haben; Tollköpfe, weil sie ihren eigenen Kindern mit Herzensfreude eine sichere und scheußliche Krankheit übertragen in der Absicht, einem unsicheren Übel zuvorzukommen. Die Engländer sagen ihrerseits: »Die anderen Europäer sind feige und Rabeneltern; feige, weil sie fürchten, ihren Kindern ein bißchen weh zu tun; Rabeneltern, weil sie sie der Gefahr aussetzen, eines Tages an Pocken zu sterben.« Um zu beurteilen, wer in diesem Streit recht hat, siehe im folgenden die Geschichte jener berühmten Einimpfung, von der man außerhalb Englands mit soviel Entsetzen spricht[1].

Die Frauen der Tscherkessen[2] pflegen seit undenklichen Zeiten ihren Kindern Pocken zu übertragen, schon im Alter von sechs Monaten, indem sie ihnen einen Schnitt in den Arm ritzen und dort eine Pustel einsetzen, die sie sorgfältig von einem anderen Kinde abgenommen haben. Diese Pustel wirkt in dem Arm, an dem sie angesetzt ist, wie Hefe im Teig; sie arbeitet dort und verteilt über das ganze Blut die Eigenschaften, von denen sie durchsetzt ist. Die Pickel des Kindes, dem man diese künstlichen Pocken übertragen hat, dienen dazu, dieselbe Krankheit anderen weiterzugeben. Dies ist ein beinahe ständiger Umlauf bei den Tscherkessen; und wenn es unglücklicherweise keine Pocken gibt im Lande, ist man genauso in Verlegenheit wie woanders bei einem schlechten Jahr.

Was diesen Brauch bei den Tscherkessen eingeführt hat, der anderen Völkern so fremdartig erscheint, ist jedoch eine der ganzen Erde gemeinsame Sache: die mütterliche Zärtlichkeit und Eigennutz.

Die Tscherkessen sind arm und ihre Töchter schön; und es sind ihre Töchter, mit denen sie am meisten Handel treiben. Sie versorgen die Harems des großen Herrschers, des Sofi[3] von Persien, und derer mit Schönheiten, die reich genug sind, diese wertvolle Ware zu kaufen und zu unterhalten. Sie erziehen diese Mädchen in Zucht und Ehren zu Tänzen voller Schlüpfrigkeit und Wollust und dazu, den Geschmack der herablassenden Herren, für die sie vorgesehen sind, mit den begehrlichsten Kunstfertigkeiten wieder anzuregen: Diese armen Wesen wiederholen täglich ihre Lektion mit ihrer Mutter wie unsere kleinen Mädchen ihren Katechismus, ohne etwas davon zu verstehen.

Nun passierte es oft, daß sich ein Vater und eine Mutter, nachdem sie sich um die Erziehung ihrer Kinder einige Mühe gemacht hatten, mit einem Schlag um ihre Hoffnungen betrogen sahen. Pocken brachen in der Familie aus; eine Tochter starb daran, eine andere verlor ein Auge, eine dritte erholte sich mit einer dicken Nase; und die armen Leute waren rettungslos ruiniert. Oft, wenn die Pocken zur Epidemie wurden, war der Handel sogar für mehrere

Jahre unterbrochen, was eine merkliche Verkleinerung der Serails Persiens und der Türkei zur Folge hatte.

Ein Handel treibendes Volk wacht stets sehr rege über seine Interessen und vernachlässigt nicht die Erkenntnisse, die seinem Gewerbe nützlich sein können. Die Tscherkessen stellten fest, daß kaum einer von tausend zweimal richtig Pocken hatte; daß man tatsächlich auch drei- oder viermal leichte Pocken hat, aber nie zweimal ernsthaft und gefährlich; daß man, in einem Wort, diese Krankheit nicht zweimal hat im Leben. Sie bemerkten auch noch, daß die Pocken, wenn sie gutartig sind und ihr Ausschlag nur eine zarte und feine Haut zu durchbrechen vorfindet, keine Spuren auf dem Gesicht hinterlassen. Aus diesen natürlichen Beobachtungen schlossen sie, daß, wenn ein Kind von sechs Monaten oder einem Jahr gutartige Pocken hatte, es nicht daran starb, nicht davon gezeichnet wurde und diese Krankheit für den Rest seiner Tage los war.

Also blieb nur, um Leben und Schönheit ihrer Kinder zu schützen, daß man ihnen die Pocken früh genug übertrug; und das geht so: Man legt am Leib eines Kindes einen Pickel ein, den man beim vollständigsten und gleichzeitig günstigsten Pockenfall abgenommen hat, den man finden konnte. Der Versuch konnte nur gelingen. Die Türken, die vernünftige Leute sind, übernahmen diese Sitte bald darauf; und heute gibt es keinen Pascha in Konstantinopel, der nicht seinem Sohn und seiner Tochter die Pocken gibt, indem er ihnen einen Nebenherd einsetzen läßt.

Es gibt Leute, die behaupten, die Tscherkessen hätten diese Sitte früher von den Arabern übernommen; diesen Punkt zu klären überlassen wir irgendeinem gelehrten Benediktiner, der es nicht unterlassen wird, dazu mehrere Folianten mit Beweisen zusammenzustellen. Alles, was ich dazu zu sagen habe, ist, daß zu Beginn der Herrschaft Georgs I.[4] Frau von Wortley-Montaigu[5], eine der englischen Frauen, die am meisten Geist und Scharfsinn haben, als sie mit ihrem Mann in der Botschaft in Konstantinopel war, darauf kam, ohne große Hemmungen einem Kinde Pocken zu übertragen, mit dem sie in diesem Lande niedergekommen war. Ihr Kaplan hatte gut reden, dieses Experiment sei nicht christlich und könne nur bei Abtrünnigen gelingen – Frau Wortleys Sohn bekam es wunderbar. Diese Dame teilte, zurück in London, der Prinzessin von Wales, der heutigen Königin, ihre Erfahrung mit. Man muß zugestehen, daß diese Prinzessin abgesehen von Titeln und Kronen dazu geboren ist, alle Künste zu ermuntern und den Menschen Gutes zu tun; sie ist ein liebenswerter Philosoph auf dem Thron; sie hat sich niemals auch nur eine Gelegenheit entgehen lassen, sich fortzubilden und ihre Großzügigkeit zur Geltung kommen zu lassen; sie ist es, die, als sie gehört hatte, es lebe noch eine Tochter Miltons[6], und zwar im Elend, dieser auf der Stelle ein beachtliches Geschenk machte; sie ist es, die den armen Pater Courayer[7] unterstützte; sie ist es, die so gut war, zwischen Dr. Clarke[8] und Herrn Leibniz[9] zu vermitteln. Als sie von der Impfung oder Einsetzung der Pocken gehört hatte, ließ sie die Probe darauf an vier zum Tode verurteilten Kriminellen machen, denen sie zweifach das Leben rettete, denn sie entzog sie nicht nur der Gerichtsbarkeit, sondern beugte dank dieser künstlichen Pocken den natürlichen vor, die sie wahrscheinlich gehabt hätten und woran sie vielleicht in höherem Alter gestorben wären.

Nach diesem Beweis ihrer Sache sicher, ließ die Prinzessin ihre Kinder impfen: England folgte ihrem Beispiel, und so verdanken seither mindestens 10 000 Kinder der Königin und Frau Wortley-Montaigu ihr Leben und ebenso viele Mädchen ihre Schönheit.

In der ganzen Welt haben von hundert Personen sechzig die Pocken, von diesen sechzig sterben zwanzig in den besten Jahren und zwanzig behalten für immer ärgerliche Spuren: also je ein Fünftel der Menschen, die diese Krankheit mit Sicherheit tötet oder entstellt. Von all denen, die in der Türkei oder in England geimpft sind, stirbt niemand, wenn er nicht gebrechlich oder aus anderen Gründen zum Sterben verurteilt ist; niemand ist gezeichnet, niemand hat ein zweites Mal Pocken, vorausgesetzt, die Impfung war richtig. Demnach ist sicher, daß, wenn eine französische Botschafterin dieses Geheimnis von Konstantinopel nach Paris mitgebracht hätte, sie dem Volk einen ewigen Dienst erwiesen haben würde; der Herzog von Villequier, Vater des heutigen Herzogs von Aumont, der bestbeschaffene und gesündeste Mann Frankreichs, wäre nicht in der Blüte seines Alters gestorben.

Der Fürst von Soubise[10], der sich der besten Gesundheit erfreute, wäre nicht im Alter von 25 Jahren hinweggerafft worden; der Großvater Louis' XV.[11] wäre nicht mit fünfzig beerdigt worden; 20 000 Menschen, die 1723[12] an Pocken starben, lebten noch. Also was! Lieben die Franzosen denn gar nicht das Leben? Kümmern ihre Frauen sich überhaupt nicht um ihre Schönheit? Wirklich, wir sind komische Leute! Vielleicht übernehmen wir in zehn Jahren diese englische Methode, wenn Pfarrer und Ärzte es erlauben; oder die Franzosen bekommen in drei Monaten aus Launigkeit Lust, sich der Impfung zu bedienen, wenn die Engländer aus Unbeständigkeit den Geschmack daran verlieren.

Ich erfahre, daß die Chinesen diesen Brauch seit hundert Jahren üben; das Beispiel eines Volkes, das als das weiseste und gebildetste der Welt gilt, ist ein großes Vorzeichen. Es ist wahr, daß die Chinesen das auf andere Art angehen; die machen keinen Einschnitt, sie lassen die Pocken mit der Nase wie Schnupftabak einnehmen; das ist angenehmer, kommt aber aufs selbe heraus und bestätigt ebenso, daß man, hätte man die Impfung in Frankreich praktiziert, Tausenden von Menschen das Leben gerettet haben würde.

1 Die Pockenimpfung beginnt in England im ersten Drittel des 18. Jahrhunderts üblich zu werden.
2 Tscherkessen = kaukasisches Turkvolk.
3 Sofi = Schah; persische Dynastie 1499–1736, begründet von Ismael Sofi.
4 Georg I. vgl. Brief IV.
5 Montaigu, Mary Wortley Lady (1689–1762), Frau des englischen Gesandten in Konstantinopel. Verfaßte *Briefe aus dem Orient*. Richard Mead (vgl. Brief XIX) schrieb 1722 eine Broschur über die von ihr propagierte Pockenimpfung.
6 John Milton (1608–1674), neben Shakespeare bedeutendster Dichter Englands. Verherrlichte Cromwell; puritanisch.
7 Courayer vgl. Brief V.
8 Clarke vgl. Brief VII.
9 Gottfried Wilhelm Leibniz (1646–1716), Philosoph, Physiker, Mathematiker, Historiker, Diplomat, Gelehrter. Vgl. auch Clarke, Brief VII.
10 Villequier, Aumont, Soubise: Namen aus dem französischen Hochadel.
11 Louis XV. (1710–1774), König von Frankreich 1723–1774; Urenkel Louis' XIV.
12 1723 wütete in Paris eine Pockenepidemie, bei der auch Voltaire erkrankte.

Zwölfter Brief

Über den Kanzler Bacon

Es ist gar nicht lange her, daß man in erlauchter Gesellschaft auf die abgenutzte Frage kam, wer der größte Mann sei, Cäsar[1], Alexander[2], Tamerlan[3], Cromwell[4] etc.

Jemand antwortete, dies sei einwandfrei Isaac Newton[5]. Dieser Mann hatte recht, denn wenn die wahre Größe darin liegt, vom Himmel ein mächtiges Genie empfangen und sich seiner bedient zu haben zur eigenen und zu anderer Menschen Aufklärung, dann ist ein Mann wie Newton, wie sich kaum einer in zehn Jahrhunderten findet, wirklich der große Mann; und diese Politiker und Eroberer, an denen es keinem Jahrhundert mangelte, sind gewöhnlich nichts als großartige Bösewichte. Demjenigen, der mit der Kraft der Wahrheit über die Geister herrscht, und nicht denen, die mit Gewalt Sklaven machen, demjenigen, der die Welt kennt, und nicht denen, die sie verunstalten, schulden wir unsere Achtung.

Dann fange ich also, da Sie wollen, daß ich Ihnen von den berühmten Männern erzähle, die England hervorgebracht hat, mit den Bacons, Lockes[6], Newtons usw. an. Die Generale und Minister werden dann ihrerseits drankommen.

Man muß mit dem berühmten Grafen von Verulam beginnen, der in Europa unter seinem Familiennamen Bacon bekannt war. Er war Sohn eines Justizministers und lange Kanzler unter König Jacob I.[7] Derweil fand er inmitten der Ränke des Hofes und der Ansprüche seines Amtes, die ihren ganzen Mann forderten, die Zeit, großer Philosoph, guter Historiker und eleganter Schriftsteller zu sein; und er lebte, was noch erstaunlicher ist, in einem Jahrhundert, in dem man kaum die Kunst des guten Schreibens kannte und noch weniger eine gute Philosophie. Wie es unter den Menschen Brauch ist, wurde er nach seinem Tode höher eingeschätzt als zu Lebzeiten: Seine Feinde waren am Londoner Hof, seine Bewunderer in ganz Europa.

Als der Marquis von Effiat[8] Prinzessin Marie, Tochter Henris des Großen[9], die den Prinzen von Wales heiraten sollte, nach England brachte, ging dieser Gesandte Bacon besuchen, der ihn, zu dieser Zeit krank, bei geschlossenen Vorhängen empfing. »Sie gleichen den Engeln«, sagte ihm Effiat, »man hört immer von ihnen sprechen, man hält sie für den Menschen überlegen, und man hat nie die Freude, sie zu sehen.«

Sie wissen, daß Bacon eines Vergehens beschuldigt wurde, wie es kaum das eines Philosophen ist, nämlich sich mit Geld bestechen lassen zu haben; Sie wissen, daß er vom Oberhaus zu einer Geldstrafe von ungefähr 40 000 Livres unserer Währung[10] und zum Verlust seiner Kanzler- und Pairswürde verurteilt wurde.

Heute verehren die Engländer sein Andenken bis zu dem Punkt, daß sie nicht zugeben wollen, er sei schuldig gewesen. Wenn Sie mich fragen, wie ich darüber denke, verwende ich zur Antwort einen Ausspruch, den ich Lord Bolingbroke[11] sagen hörte. Man sprach in seiner Anwesenheit von der Habsucht, derer der Herzog von Marlborough[12] angeklagt war, und nannte einige seiner Eigenheiten, wobei man sich auf das Zeugnis Lord Bolingbrokes berief, der, da er dessen erklärter Feind gewesen war, vielleicht mit Anstand sagen konnte, was es damit auf sich hatte. »Das war ein so großartiger Mann, daß ich seine Fehler vergessen habe.«

Ich werde mich also beschränken auf das, was dem Kanzler Bacon sein Ansehen in Europa eingebracht hat.

Das einzigartigste und beste seiner Werke ist das heute am wenigsten gelesene und nutzloseste: Ich will von seinem *Novum scientiarum organum*[13] sprechen. Es ist das Gerüst, mit dem man die neue Philosophie gebaut hat; als das Gebäude zumindest zu Teilen errichtet war, war das Gerüst nicht mehr von Nutzen.

Der Kanzler Bacon kannte die Natur noch nicht, aber er wußte und zeigte alle die Wege, die zu ihr führen. Er hatte schon frühzeitig abgelehnt, was die Universitäten als Philosophie bezeichneten; und er tat, was er konnte, daß diese Gesellschaften, eingerichtet zur Vervollkommnung der menschlichen Vernunft, nicht fortführen, sie zu verderben mit ihren *Quidditäten*[14], ihrem *Schrecken der Leere*[15], ihren *substantiellen Formen* und all den anmaßenden Worten, die nicht nur die Unwissenheit ansehnlich machte, sondern die eine lächerliche Vermengung mit der Religion fast heilig gemacht hatte.

Er ist der Vater der experimentellen Philosophie. Es ist wohl wahr, daß schon vor ihm erstaunliche Geheimnisse gelüftet worden sind. Man hatte den Kompaß eingeführt, die Druckkunst, die Kupferstecherei, die Ölmalerei, die

Spiegel, die Kunst, den Greisen das Augenlicht wiederzugeben mit Brillen genannten Augengläsern, das Schießpulver usw. Man hatte eine neue Welt gesucht, gefunden und erobert. Wer glaubte nicht, daß diese sublimen Entdeckungen von den größten Philosophen und zu aufgeklärteren Zeiten als der unseren gemacht worden wären? Nichts davon: Diese großen Veränderungen auf Erden wurden zu Zeiten der dümmsten Barbarei vollbracht: Der Zufall allein gab zu fast allen diesen Erfindungen den Anstoß, und es hat wohl auch den Anschein, daß das, was man Zufall nennt, eine große Rolle spielte bei der Entdeckung Amerikas; zumindest hat man immer geglaubt, daß Christoph Kolumbus[16] seine Reise nur im Vertrauen auf einen Schiffskapitän unternahm, den ein Unwetter bis auf die Höhe der Karibischen Inseln geworfen hatte.

Wie dem auch sei, man konnte das Ende der Welt erreichen und Städte mit einem künstlichen Donner zerstören, der schrecklicher war als der wirkliche, aber man kannte nicht den Blutkreislauf, das Gewicht der Luft, die Gesetzmäßigkeiten der Bewegung, das Licht, die Zahl unserer Planeten etc., und ein Mensch, der eine These über die Kategorien des Aristoteles[17] vertrat, über das universale *a parte rei* oder eine ähnliche Dummheit, wurde als ein Wunderding betrachtet.

Die erstaunlichsten und nützlichsten Erfindungen sind nicht die, welche dem menschlichen Geist die größte Ehre machen.

Es ist ein mechanischer Instinkt, der sich beim Großteil der Menschen findet, dem wir alle Künste verdanken, und keineswegs die gesunde Philosophie.

Die Entdeckung des Feuers, die Kunst des Backens, des Schmelzens und Bearbeitens von Metallen, des Hausbauens, die Erfindung des Schiffs sind von einer ganz anderen Wichtigkeit als Druckerei und Kompaß; indes wurden diese Kunstfertigkeiten noch von Wilden erfunden.

Welch wunderbaren Gebrauch machten nicht seither die Griechen und die Römer von der Mechanik? Dabei glaubte man zu ihrer Zeit, daß es Kristallhimmel gäbe und daß die Sterne kleine Lampen seien, die gelegentlich ins Meer fielen; und einer ihrer großen Philosophen fand nach allerhand Forschungen heraus, daß die Sterne Steine seien, die sich von der Erde gelöst hatten.

Mit einem Wort, die experimentelle Philosophie hatte vor Bacon niemand gekannt; und von allen physikalischen Beweisen, die man seit ihm gemacht hat, gibt es fast keinen, der nicht in seinem Buch erwähnt wäre. Er hat selber mehrere erbracht; er entwarf Arten von pneumatischen Maschinen, mit denen man die Elastizität der Luft herausfand; für ihn drehte sich alles um ihr Gewicht; er kam auch beinahe darauf, zur Erkenntnis selbst gelangte Torricelli.[18] Wenig später fing die experimentelle Physik auf einen Schlag an, in fast allen Teilen Europas zugleich gepflegt zu werden. Das war ein versteckter Schatz, dessen Existenz Bacon geahnt hatte und den die Philosophen, von seiner Verheißung ermuntert, auszugraben sich bemühten.

Was mich aber am meisten überraschte, war, in seinem Buch ausdrücklich jene neue Anziehungskraft zu finden, als deren Entdecker Newton gilt.

»Man muß feststellen«, sagt Bacon, »ob es nicht eine magnetische Kraft gibt, die zwischen Erde und Dingen von Gewicht wirkt, zwischen Mond und Ozean, zwischen den Planeten etc.«

An anderer Stelle sagt er: »Entweder werden die Körper zur Mitte der Erde getragen oder sie ziehen sich gegenseitig an, und in diesem letzteren Fall ist klar, daß sich die Körper, je mehr sie sich beim Fallen der Erde nähern, um so mehr anziehen. Man muß versuchen«, setzt er fort, »ob dieselbe Uhr mit Gewichten auf der Höhe eines Berges oder auf dem Grund einer Mine schneller geht; wenn die Kraft auf dem Berg abnimmt und in der Mine zunimmt, dann ist das ein Anzeichen, daß die Erde eine wirkliche Anziehungskraft hat.«

Dieser Vorläufer der Philosophie war auch ein eleganter Schriftsteller, Historiker und Schöngeist.

Seine *Essays über Moral*[19] sind sehr geschätzt; aber sie sind eher zur Belehrung als zur Unterhaltung angelegt; und da sie weder Satire des menschlichen Wesens sind wie die *Maximen* von La Rochefoucauld[20] noch eine Schule des Skeptizismus wie Montaigne[21], werden sie weniger gelesen als jene beiden scharfsinnigen Bücher.

Seine *Geschichte von Henry VII.* hat als Meisterwerk gegolten; aber ich müßte mich sehr täuschen, wenn sie mit dem Werk unseres berühmten de Thou[22] verglichen werden könnte.

Wenn er von jenem bekannten Hochstapler Perkin[23] spricht, einem Juden von Geburt, der so kühn den Namen Richard IV., König von England, annahm, wozu er von der Herzogin von Bourgogne angestiftet worden war, und Henry VII.[24] die Krone streitig machte, drückt sich Kanzler Bacon folgendermaßen aus:

»Zu ungefähr dieser Zeit war Henry infolge der Magie der Herzogin von Bourgogne von bösen Geistern besessen, die den Schatten Edwards IV.[25] aus der Hölle rief, damit er König Henry quäle. Als die Herzogin von Bourgogne Perkin unterwiesen hatte, begann sie sich zu überlegen, in welcher Himmelsregion sie diesen Kometen erscheinen lassen würde, und sie beschloß, er solle zunächst über dem irischen Horizont hervorbrechen!«

Mir scheint, daß unser weiser de Thou kaum auf solchen Bombast verfällt, den man früher für etwas Erhabenes hielt, den man heute aber aus gutem Grunde Schnickschnack nennt.

1 Cäsar (vgl. Brief VIII) wurde 45 v. Chr. Alleinherrscher im Römischen Reich.
2 Alexander vgl. Brief VI.
3 Tamerlan = Timur, Timur-i Läng (Timur der Lahme). Asiatischer Eroberer aus türkisiertem mongolischem Häuptlingsgeschlecht (1336–1405), setzte sich seit 1360 in Mittelasien gegen Christen und Muslime durch. Seine Roheit ließ ihn in der abendländischen Dichtung zum Inbegriff orientalischer Grausamkeit werden.
4 Cromwell vgl. Brief III.
5 Newton vgl. Brief VII.
6 Locke vgl. Brief VII.
7 Jacob I. (1566–1625), Sohn Maria Stuarts, ab 1603 König von England.
8 Antoine Coëffier, Marquis von Effiat (1581–1632), französischer Marschall, Diplomat.
9 Henri der Große vgl. Brief VIII.
10 Livre (= 1 Pfund Silber) entspricht zur Zeit Voltaires einem Franc à 20 Sous der damaligen Währung.
11 Bolingbroke vgl. Brief V.
12 John Churchill Herzog von Marlborough (1650–1722), englischer General.
13 *Novum...*: Bacons Hauptwerk, erschienen 1620.
14 Quidditāt: Begriff der Scholastik: »Washeit«, bezeichnet die Gesamtheit der Eigenschaften, die ein Ding oder Wesen determinieren.
15 Schrecken der Leere: Aphorismus der alten Physik (natura abhorret a vacuo), mit dem man sich bestimmte Probleme, zu denen man sich keinen Rat wußte, zu erklären suchte. Wird von Torricelli (vgl. Anm. 19) widerlegt.
16 Christoph Kolumbus (1451–1506), italienischer Seefahrer in spanischen Diensten, Entdecker Amerikas.
17 Kategorien des Aristoteles: Substanz, Quantität, Qualität, Relation, Ort, Sein, Tun, Leiden, Sichverhalten, Sichbefinden.

18 Evangelista Torricelli (1608–1647), italienischer Physiker, Schüler Galileis, erklärt den atmosphärischen Druck.
19 *Essays…*: Bacons Essays erschienen 1597.
20 François La Rochefoucauld (1613–1680), französischer Schriftsteller.
21 Michel Eyquem Seigneur de Montaigne (1533–1591), französischer Philosoph und Schriftsteller, Essayist.
22 Jacques Auguste de Thou (1553–1617), Magistrat, Historiker.
23 Perkin Warbeck (ca. 1474–1499), gab sich als Herzog von York, Sohn Edwards IV. aus. Von Charles VIII. von Frankreich anerkannt. Marguerite de Bourgogne nimmt ihn 1492 offiziell als Neffen auf. Unternimmt mehrere Versuche (unter dem Namen Richard IV.), die Macht in England an sich zu reißen.
24 Henry VII. vgl. Brief IX.
25 Edward IV. (1442–1483), aus dem Haus York, stürzt Henry VI., aus dem Haus Lancaster. König von England 1464–1483.

Dreizehnter Brief

Über Herrn Locke

Niemals vielleicht gab es einen klügeren, methodischeren Geist, einen exakteren Logiker als Locke[1]; dabei war er kein großer Mathematiker. Er hatte sich nie der Langweiligkeit der Rechnungen und der Trockenheit mathematischer Wahrheiten unterziehen können, die dem Geist zunächst nichts Spürbares darstellten; und niemand hat besser als er bewiesen, daß man einen geometrisch genauen Verstand haben kann ohne Hilfe der Geometrie. Vor ihm hatten Philosophen als endgültig festgelegt, was die Seele des Menschen sei; aber da sie davon überhaupt nichts verstanden, ist es ganz folgerichtig, daß sie alle verschiedener Ansichten waren.

In Griechenland, der Wiege der Künste und der Irrtümer, und wo man Größe und Dummheit des menschlichen Geistes so weit entwickelte, vernünftelte man über die Seele wie bei uns.

Der göttliche Anaxagoras[2], dem man einen Altar widmete, weil er die Menschen gelehrt hatte, daß die Sonne größer sei als der Peloponnes, der Schnee schwarz und der Himmel aus Stein sei, behauptete, die Seele sei ein Geist der Luft, dabei aber unsterblich.

Diogenes[3], ein anderer als jener, der zynisch wurde, nachdem er Falschmünzer gewesen war, behauptete, die

Seele sei ein Teil der göttlichen Substanz selbst, und dies war zumindest ein glänzender Einfall.

Epikur[4] setzte sie wie den Körper aus Teilen zusammen. Aristoteles[5], den man auf tausend Arten erklärt hat, weil er unverständlich war, glaubte, wenn man sich auf ein paar seiner Schüler bezieht, daß die Ausdehnung aller Menschen ein und dieselbe Substanz sei.

Der göttliche Plato[6], Meister des göttlichen Aristoteles, und der göttliche Sokrates[7], Meister des göttlichen Plato, hießen die Seele leiblich und ewig; der böse Geist des Sokrates hatte ihn sicherlich aufgeklärt, was es damit auf sich hatte. Es gibt wirklich Leute, die behaupten, daß jemand, der sich zugute hält, ein verkapptes Genie zu sein, unzweifelhaft ein Narr oder ein Schlitzohr sei; aber diese Leute sind zu kompliziert. Was unsere Kirchenväter angeht, so haben in den ersten Jahrhunderten mehrere die menschliche Seele, die Engel und Gott für leiblich gehalten.

Die Welt wird immer raffinierter. St. Bernhard[8] lehrte gemäß dem Bekenntnis des Paters Mabillon[9] von der Seele, daß sie nach dem Tode mitnichten Gott im Himmel sehe, sondern sich lediglich mit der Menschlichkeit Jesu Christi unterhalte; man glaubte ihm diesmal nicht aufs Wort. Das Abenteuer der Kreuzzüge hatte seine Orakel ein wenig in Mißkredit gebracht. Später sind tausend Scholastiker[10] angekommen, als der unwiderlegbare Doktor, der subtile Doktor, der Engeldoktor[11], der Seraphinendoktor, der Cherubinendoktor, die alle ganz sicher waren, die Seele sehr genau zu kennen, die aber nicht aufhörten, davon zu reden, als wollten sie, daß kein Mensch etwas davon verstehe.

Unser Descartes[12], geboren, die Irrtümer des Altertums zu entdecken und sie durch die seinen zu ersetzen, und von jenem systematischen Verstand in die Irre geführt, der die größten Männer blind macht, meinte gezeigt zu haben, daß die Seele dieselbe Sache sei wie das Denken, so wie die Materie nach ihm dasselbe ist wie die Ausdehnung; er behauptete, man denke stets, und die Seele käme mit allen metaphysischen Begriffen ausgestattet im Körper an, in Kenntnis Gottes, des Raums, des Unendlichen, mit allen abstrakten Ideen und schließlich voll des schönsten Wissens, das sie unglücklicherweise beim Verlassen des Bauchs der Mutter vergäße.

Malebranche[13] vom Oratoire erkannte in seinen erhabenen Illusionen nicht nur die eingeborenen Ideen an, sondern bezweifelte ebensowenig, daß wir alles in Gott sähen und daß Gott sozusagen unsere Seele sei.

Nachdem so viele Verstandesmenschen den Roman der Seele verfaßt hatten, ist ein Weiser gekommen, der bescheiden ihre Geschichte darstellte. Locke hat dem Menschen die menschliche Vernunft auseinandergesetzt, wie ein hervorragender Anatom den menschlichen Körper erklärt. Er hilft sich in allem mit dem Licht der Physik; er wagt manchmal, Behauptungen aufzustellen, aber er wagt auch zu zweifeln. Statt auf einen Schlag alles zu definieren, was wir nicht kennen, untersucht er schrittweise, was wir kennenlernen wollen. Er nimmt ein Kind bei seiner Geburt; er folgt Schritt für Schritt der Entwicklung seines Verstandes; er sieht, was es an Gemeinsamem gibt mit den Tieren und was über ihnen steht; er zieht vor allem sein eigen Zeugnis zu Rat, das Gewissen seines Denkens.

»Ich überlasse«, sagte er, »das Erörtern denen, die mehr als ich darüber wissen, ob es unsere Seele vor oder nach der Entstehung unseres Körpers gibt; ich gestehe, einer jener groben Seelen teilhaftig geworden zu sein, die nicht ununterbrochen denken, und ich habe sogar das Pech, nicht zu sehen, wieso es der Seele nötiger sein soll, ständig zu denken, als dem Leib, sich ständig zu bewegen.«

Was mich angeht, ich bin stolz auf die Ehre, hier genauso dumm zu sein wie Locke. Niemand wird mich jemals glauben machen, ich dächte immer; und ich fühle mich auch nicht mehr in der Lage, mir vorzustellen, daß ich ein paar Wochen nach meiner Zeugung eine sehr kluge Seele war und tausenderlei Dinge wußte, die ich bei der Geburt vergaß, und daß ich höchst unzweckmäßig im *Uterus* Kenntnisse besaß, die mir fehlen, seit ich Bedarf daran habe haben können, und die ich seither nicht so recht habe wiedererlangen können.

Nachdem er die eingeborenen Ideen zerstört und auf die Eitelkeit verzichtet hat, zu glauben, man denke stets, stellt Locke dar, daß uns alle unsere Ideen über die Sinne kommen, er untersucht unsere einfachen und zusammengesetzten Ideen, folgt dem Geist des Menschen in allen seinen Denkvorgängen, läßt sehen, wie sehr die Sprachen, die die Menschen sprechen, unfertig sind, und welchen Mißbrauch wir allezeit mit den Begriffen treiben.

Schließlich kommt er dazu, die Ausdehnung oder eher das Nichts der menschlichen Kenntnisse zu betrachten. In diesem Kapitel traut er sich, bescheiden folgende Worte vorzubringen: »Wir sind vielleicht nie in der Lage, zu wissen, ob ein rein materielles Wesen denkt oder nicht.«

Diese weise Rede erschien mehr als einem Theologen als skandalöse Erklärung, nämlich daß die Seele materiell und sterblich ist.

Einige auf ihre Art fromme Engländer schlugen Alarm. Die Abergläubischen sind in der Gesellschaft, was die Feiglinge in einem Heer sind: Sie haben und verbreiten panische Angst. Man schrie, Locke wolle den Glauben umwerfen; doch ging es in dieser Sache gar nicht um Religion; das war eine rein philosophische Frage, höchst unabhängig von Glauben und Offenbarung; man mußte bloß ohne Bitternis prüfen, ob es ein Widerspruch ist, zu sagen: »die Materie kann denken«, und ob Gott der Materie das Denken eingeben kann. Aber die Theologen fangen zu oft damit an zu sagen, Gott sei gelästert worden, wenn man nicht ihrer Ansicht ist. Das gleicht zu sehr den schlechten Dichtern, die schrien, Despréaux[14] rede schlecht vom König, weil er sich über sie lustig machte.

Dr. Stillingfleet[15] hat sich den Ruf eines maßvollen Theologen erworben, indem er Locke nicht ausdrücklich beleidigt hat. Er trat gegen ihn an, wurde aber geschlagen, denn er argumentierte als Doktor und Locke als ein in Stärke und Schwäche des menschlichen Geistes bekannter Philosoph, der sich mit Waffen schlug, deren Wirkung ihm bekannt war.

Wagte ich es, über ein so heikles Thema zu sprechen, würde ich sagen: Die Menschen streiten seit langem über die Beschaffenheit und die Unsterblichkeit der Seele. Was ihre Unsterblichkeit betrifft: Es ist unmöglich, sie darzustellen, da man noch über ihre Beschaffenheit streitet und da man ein Wesen sicherlich von Grund auf kennen muß, um zu entscheiden, ob es unsterblich ist oder nicht. Die menschliche Vernunft ist so wenig in der Lage, von sich aus die Unsterblichkeit der Seele darzustellen, wie die Religion verpflichtet gewesen ist, sie uns zu offenbaren. Das allen Menschen gemeinsame Wohl fordert, daß man die Seele für unsterblich hält; der Glaube befiehlt es, mehr ist nicht nötig, und die Sache ist beschlossen. Die Dinge liegen anders, wenn es um ihr Wesen geht; für den Glauben ist es unerheblich, von welcher Substanz die Seele ist, Hauptsache, sie ist tugendhaft; das ist eine Uhr, die man uns zu bewahren gegeben hat; aber der Schöpfer hat uns nicht gesagt, woraus die Bewegung dieser Uhr zusammengesetzt ist.

Ich bin Leib, und ich denke: Mehr weiß ich nicht davon. Werde ich einer unbekannten Ursache zuschreiben, was ich leicht einer daraus folgenden und mir bekannten Ursache zuschreiben kann? Hier halten mich alle Philosophen der Schule[16] an, führen Beweise ins Feld und sagen: »Im Körper gibt es nur Ausdehnung und Stoff, und er kann nur Bewegung und Form haben. Nun, Bewegung und Form, Ausdehnung und Stoff können keine Gedanken machen; also kann die Seele nicht Materie sein.« Dieser ganze großartige und so oft wiederholte Gedankengang ist einzig auf folgendes zurückzuführen: »Die Materie kenne ich überhaupt nicht; ich errate unvollständig einige ihrer Eigenschaften; ich habe keine Ahnung, ob diese Eigenschaften etwas mit dem Denken zu tun haben können; weil ich also überhaupt nichts weiß, behaupte ich positiv, daß die Materie nicht denken kann.« Das ist ganz schlicht die Art der Schule, zu argumentieren. Locke würde diesen Herren in aller Einfachheit sagen: »Gestehen Sie wenigstens ein, daß Sie genauso unwissend sind wie ich; weder Ihre noch meine Vorstellungskraft können feststellen, wie ein Körper zu Gedanken kommt; verstehen Sie besser, wie ein Stoff, sei er, wie er sei, Gedanken hat? Sie begreifen weder Materie noch Geist, wie können Sie da Behauptungen aufstellen?«

Der Abergläubische kommt seinerseits und sagt, man müsse die, die da meinen, man könne denken allein mit der Hilfe des Leibes, zum Wohle ihrer Seelen verbrennen. Aber was sagten sie, wenn sie selber es wären, die des Unglaubens beschuldigt würden? Wirklich, was für ein Mensch wagte ohne aberwitzige Gottlosigkeit zu behaupten, dem Schöpfer sei es unmöglich, der Materie Gedanken und Gefühle zu geben? Seht doch, ich bitte euch, welcher Verlegenheit ihr euch aussetzt, die ihr so die Macht des Schöpfers einschränkt! Die Tiere haben dieselben Organe wie wir, dieselben Gefühle, dieselben Wahrnehmungen; sie haben ein Gedächtnis, und sie verbinden einige Ideen. Wenn Gott die Materie nicht hat beleben und ihr kein Gefühl hat geben können, dann muß eines von beidem stimmen: entweder, daß die Tiere reine Maschinen sind, oder, daß sie eine mit dem Himmel verbundene Seele haben.

Es scheint mir fast erwiesen, daß die Tiere keine schlichten Maschinen sein können. Hier mein Beweis: Gott schuf ihnen genau dieselben Sinnesorgane wie uns; wenn sie nichts spüren, hat Gott also ein zweckloses Werk vollbracht. Nun tut aber Gott gemäß eurem eigenen Bekenntnis nichts umsonst; also hat er nicht so viele Sinnesorgane geschaffen, damit es dort keine Sinneswahrnehmung gebe; folglich sind die Tiere keine reinen Maschinen.

Eurer Ansicht nach können die Tiere keine dem Himmel verbundene Seele haben; also bleibt euch zum Trotz nichts anderes zu sagen, als daß Gott den Organen der Tiere, die Materie sind, die Fähigkeit zum Fühlen und Wahrnehmen gegeben hat, die ihr bei ihnen Instinkt nennt.

Eh! Wer kann Gott hindern, unseren feineren Organen diese Fähigkeit, zu fühlen, wahrzunehmen und zu denken, mitzugeben, die wir menschliche Vernunft nennen? Wie ihr euch auch windet, ihr seid gezwungen, euer Unwissen und die unendliche Macht des Schöpfers anzuerkennen. Entrüstet euch also nicht mehr über die weise und bescheidene Philosophie Lockes; weit davon entfernt, glaubensfeindlich zu sein, würde sie ihm als Beweis dienen, hätte der Glaube es nötig; denn welche Philosophie ist religiöser als die, die nur behauptet, was sie klar sieht, die ihre Schwächen einzugestehen weiß und die euch sagt, man müsse auf Gott zurückgreifen, sobald man die ersten Prinzipien untersucht?

Im übrigen soll man ja nicht meinen, ein philosophisches Gefühl könnte dem Glauben eines Landes schaden. Unsere Mysterien können leicht unseren Beweisführungen widersprechen, sie werden deshalb nicht weniger verehrt von den christlichen Philosophen, die wissen, daß die Dinge der Vernunft und die des Glaubens verschiedener Natur sind. Weshalb? Weil sie nicht für das Volk schreiben, und weil sie nicht Enthusiasten sind.

Teilen Sie die Menschheit in zwanzig Teile: Neunzehn davon setzen sich aus Arbeitern der Hand zusammen, die niemals wissen werden, daß es überhaupt einen Locke gibt; im bleibenden zwanzigsten Teil, wie wenig Leute findet man da, die lesen! Und unter denen, die lesen, gibt es zwanzig, die Romane lesen, auf einen, der die Philosophie studiert. Die Anzahl derer, die denken, ist über alle Maßen gering, und die denken gar nicht daran, die Welt zu beunruhigen.

Es sind weder Montaigne[17] noch Locke, noch Bayle[18], noch Spinoza[19], noch Hobbes[20], noch Lord Shaftesbury[21], noch Collins[22], noch Toland[23] etc., die die Flamme der Zwietracht in ihr Vaterland getragen haben; das sind zumeist Theologen, die, nachdem sie den Ehrgeiz gehabt hatten, Sektenführer zu sein, bestrebt waren, Parteiführer zu werden. Was sage ich! Alle Bücher der modernen Philosophen zusammen werden niemals in der Welt soviel Lärm machen wie ehedem der Streit der Franziskaner[24] um die Form ihrer Ärmel und ihrer Kapuze.

1 Locke vgl.Brief VII.

2 Anaxagoras (ca. 500–428 v. Chr.), griechischer Philosoph, für den die Vernunft Prinzip und Motor aller Dinge ist. Sie bestehe in den Dingen, mische sich jedoch nicht mit ihnen. Sieht die Luft als den Urstoff an.

3 Diogenes von Apollonien (499/8–428/7 v. Chr.), griechischer Philosoph, Zeitgenosse des Anaxagoras. Geht über diesen hinaus, indem er auch Denken und Vernunft aus der Luft entstanden sein läßt.

4 Epikur (342/1–270/1 v. Chr.), griechischer Philosoph, setzte sich mit der Gestaltung der praktischen Lebensführung auseinander. Für ihn entstehen, vergehen und bestehen Lebewesen und Seele, die aus feinsten, leichtesten und beweglichsten Atomen besteht. Naturerkenntnis ist nicht Selbstzweck, sondern befreit den Menschen von den Schrecknissen des Aberglaubens und der Religion sowie von der Todesfurcht. Menschliche Glückseligkeit besteht aus Lust, mehr geistiger als sinnlicher, da jene beständiger, von äußeren Einflüssen unabhängiger ist. Vernunft bewirkt eine Symmetrie der Triebe, Leidenschaftslosigkeit und Frömmigkeit.

5 Aristoteles (384–322 v. Chr.), griechischer Philosoph, Mitglied der Akademie Platos, Lehrer Alexanders des Großen, Gründer der sogen. »peripatetischen Schule«. Versucht mit den zwei Grundprinzipien Stoff und Form die Welt zu erklären. Seine *Poetik* war die Grundlage der zur Zeit Voltaires gültigen Theaterregeln. Für die Scholastik ist er philosophische Autorität.

6 Plato vgl. Brief VI.

7 Sokrates (469–399 v. Chr.), griechischer Philosoph, Lehrer des Plato.
8 St. Bernhard: Wahrscheinlich nicht der heilige Bernhard von Aosta (1081), sondern Bernhard von Clairvaux (1091–1153), Kirchenlehrer, Zisterzienser (nach ihm auch Bernhardiner), beredter Prediger und Werber für den 2. Kreuzzug.
9 Jean Mabillon (1632–1701), Benediktiner, begründet geschichtliche Quellenkritik und Urkundenforschung.
10 Scholastik ist die in den Schulen des Mittelalters herrschende theologische und philosophische Lehre; stützt sich hauptsächlich auf die christliche Offenbarung und die aristotelische Philosophie.
11 Hier macht Voltaire sich über Thomas von Aquin lustig, der wegen seiner systematisierenden Arbeit über die Erscheinungsformen der Engel den Beinamen eines »Doctoris Angelici« erhielt.
12 Descartes vgl. Brief IV.
13 Malebranche vgl. Brief II.
14 Nicolas Boileau-Despréaux (1636–1711), französischer Dichter und Kunsttheoretiker. Schrieb erfolgreiche Satiren, faßte in seiner an Aristoteles und Horaz orientierten *Art poétique* die für den französischen Klassizismus gültigen Dichtungstheorien zusammen.
15 Edward Stillingfleet (1635–1699), anglikanischer Theologe.
16 Philosophen der Schule = die Scholastiker.
17 Montaigne vgl. Brief XII.
18 Pierre Bayle (1647–1706), französischer Philosoph, Skeptiker, beeinflußte mit seinem *Dictionnaire historique et critique* die geistige Entwicklung des 18. Jahrhunderts.
19 Benedictus de Spinoza (1632–1677), Philosoph, Vertreter eines strengen Determinismus, nach dem alles, was wir tun, schon vorherbestimmt ist.
20 Thomas Hobbes (1588–1679), Schüler Bacons, Gegner der cartesianischen Lehre der eingeborenen Ideen.
21 Shaftesbury (1671–1713), Philosoph, Schüler John Lockes, Vertreter der Lehre, daß das Sittliche die vollkommene Entfaltung menschlicher Anlagen darstelle.
22 Anthony Collins (1676–1729), Philosoph, Schüler Lockes, Deist, forderte die Befreiung des Denkens vom Dogma.
23 John Toland (1670–1722), schrieb über deistische Philosophie.
24 Streit der Franziskaner: Nach der Ordensregel von 1223 suchen die Franziskaner die Askese, besonders durch Armut und apostolische Arbeit in Volksseelsorge und Mission. Die Frage nach Strenge oder Milde der Durchführung führte schon zu Lebzeiten des Stifters Franz von Assisi zu Armutsstreitigkeiten.

Vierzehnter Brief

Über Descartes und Newton

Ein Franzose, der in London ankommt, findet in der Philosophie wie auch im übrigen andere Verhältnisse vor. Er hat eine volle Welt verlassen, er findet sie leer. In Paris sieht man die Welt zusammengesetzt aus Wirbeln von feinster Materie; nichts davon in London. Bei uns ist es der Druck des Mondes, der die Gezeiten des Meeres verursacht, bei den Engländern ist es das Meer, das gegen den Mond strebt, dergestalt, daß, wenn Sie annehmen würden, der Mond beschere uns Flut, diese Herren meinen, man müßte Ebbe haben; was sich leider nicht nachprüfen läßt, denn um sich Klarheit zu verschaffen, wäre es nötig gewesen, Mond und Meere im ersten Moment der Schöpfung zu untersuchen.

Sie werden darüber hinaus bemerken, daß die Sonne, die in Frankreich nichts mit dieser Sache zu tun hat, hier zu ungefähr einem Viertel dazu beiträgt. Bei Ihren Cartesianern entsteht alles mit einem Impuls, den man kaum versteht, bei Newton[1] ist es eine Anziehungskraft, deren Ursache man auch nicht besser kennt. In Paris stellt man sich die Erde als eine Melone vor; in London ist sie an zwei Seiten flach. Das Licht ist für einen Cartesianer in der Luft; für einen Newtonianer kommt es in sechseinhalb Minuten von der Sonne. Ihre Chemie vollzieht alle ihre Vorgänge mit Säuren, Salzen und feiner Materie; die Anziehungskraft herrscht bis in die englische Chemie vor.

Das Wesen selbst der Dinge hat sich völlig verändert. Sie sind sich weder einig über die Definition der Seele noch über die der Materie. Descartes[2] behauptet, die Seele sei dasselbe wie das Denken, und Locke[3] weist ihm ganz gut das Gegenteil nach.

Descartes behauptet noch, daß allein die Ausdehnung die Materie macht; Newton fügt die Festigkeit hinzu. Das sind enorme Gegensätze.

Non nostrum inter vos tantas componere lites.[4]

Der berühmte Newton, der Zerstörer des cartesianischen Systems, starb im März vergangenen Jahres 1727. Er lebte in der Ehre seiner Zeitgenossen und wurde beerdigt wie ein König, der seinen Untertanen Gutes getan hat.

Man hat hier die Lobrede mit Begierde gelesen und ins Englische übersetzt, die de Fontenelle[5] über Newton in der Akademie der Wissenschaften gehalten hat. Man erwartete in England das Urteil de Fontenelles als feierliche Erklärung der Überlegenheit der englischen Philosophie; aber als man sah, daß er Descartes mit Newton verglich, hat sich die gesamte königliche Gesellschaft von London empört. Weit davon entfernt, auf das Urteil einzugehen, hat man die Rede kritisiert. Mehrere (und dies sind nicht die größten Philosophen) waren sogar allein deshalb von diesem Vergleich schockiert, weil Descartes Franzose war.

Man muß zugestehen, daß diese beiden großen Männer recht verschieden voneinander waren in ihrem Verhalten, in ihrem Geschick und in ihrer Philosophie.

Descartes war mit einer lebhaften und starken Vorstellungskraft begabt, die aus ihm einen einzigartigen Mann machte im Privatleben wie in seiner Denkweise. Dieses Vorstellungsvermögen konnte sich selbst in seinen philosophischen Werken nicht verbergen, in denen man überall scharfsinnige und glänzende Vergleiche findet. Die Natur hätte beinahe einen Dichter aus ihm gemacht, und tatsächlich setzte er für die Königin von Schweden ein Zwischenspiel in Versen auf, das man zur Ehre seines Andenkens nicht hat drucken lassen.

Er versuchte sich einige Zeit im Kriegsgeschäft, und auch nachdem er Philosoph geworden war, hielt er es nicht für unter seiner Würde, Frauen zu haben. Von seiner Geliebten hatte er eine Tochter Francine, die früh starb und deren Verlust er sehr bedauerte. So bezeugte er alles, was zur Menschlichkeit gehört.

Er glaubte lange Zeit, es sei nötig, die Menschen zu fliehen und vor allem sein Vaterland, um in Freiheit zu philosophieren. Er hatte recht; die Menschen seiner Zeit verstanden nicht genug davon, um ihm etwas beizubringen, und außer ihm zu schaden waren sie zu kaum etwas imstande.

Er verließ Frankreich, weil er die Wahrheit suchte, die dort zu jener Zeit von der elenden Philosophie der Schule verfolgt wurde: Aber in den Universitäten Hollands, wohin er sich zurückgezogen hatte, fand er nicht mehr Vernunft. Denn zu der Zeit, da man in Frankreich die einzigen Sätze der Philosophie verbot, die stimmten, wurde er in Holland verfolgt von angeblichen Philosophen, die ihn auch nicht besser verstanden und die seine Person, da sie seinen Ruhm aus der Nähe sahen, um so mehr haßten. Er war gezwungen, Utrecht zu verlassen, er war der Beschuldigung des Atheismus ausgesetzt, dem letzten Hilfsmittel der Verleumder; und er, der alle Weisheit seines Geistes eingesetzt hatte, um neue Beweise der Existenz Gottes zu suchen, wurde verdächtigt, nichts Derartiges anzuerkennen.

Soviel Verfolgung setzte großen Verdienst und glänzenden Ruf voraus: Er hatte sowohl das eine wie das andere. Die Vernunft drang sogar ein wenig durch die Nebel der Schule und die Vorurteile des völkischen Aberglaubens in die Welt vor. Sein Name machte schließlich soviel von sich reden, daß man ihn gegen Bezahlung nach Frankreich ziehen wollte. Man schlug ihm eine Rente von tausend Talern vor; auf diese Hoffnung hin kam er, zahlte die Kosten seines Patents, das damals gekauft werden mußte, erhielt keine Rente und kehrte wieder um, in der Einsamkeit Nordhollands zu philosophieren; dies zu der Zeit, als der große Galilei[6] im Alter von achtzig Jahren in den Gefängnissen der Inquisition ächzte, weil er die Bewegung der Erde nachgewiesen hatte. Schließlich starb er in Stockholm eines verfrühten Todes, verursacht von schlechter Ernährung, umgeben von einigen Gelehrten, seinen Feinden, und in den Händen eines Arztes, der ihn haßte.

Der Weg des Ritters Newton ist ganz anders gewesen. Er hat 85 Jahre gelebt, immer in Ruhe, glücklich und geehrt im Vaterland.

Sein großes Glück war, nicht nur in einem freien Lande zu leben, sondern auch zu einer Zeit, in der die scholastischen Anmaßungen verbannt waren und allein die Vernunft gepflegt wurde; die Welt konnte ihm nur Schüler sein und nicht sein Feind.

Ein einzigartiger Gegensatz, in dem er sich gegenüber Descartes befindet, ist, daß er im Verlaufe seines so langen Lebens weder Leidenschaft noch Schwächen gehabt hat; er hat sich niemals irgendeiner Frau genähert: Dies wurde mir bestätigt vom Arzt und Chirurgen, in dessen Armen er starb. Das kann man bei Newton bewundern, aber man darf Descartes nicht tadeln.

Die öffentliche Meinung in England über diese beiden Philosophen ist, daß der erste ein Träumer war, der zweite ein Weiser.

In London lesen sehr wenige Descartes, dessen Werke in der Tat unnötig geworden sind; sehr wenige lesen Newton, weil man sehr gebildet sein muß, um ihn zu verstehen; dabei sprechen sie alle von ihnen; dem Franzosen gesteht man nichts zu, dem Engländer alles. Manche Leute meinen, wenn man nicht mehr am Schrecken der Leere[7] festhält, wenn man weiß, daß die Luft[8] Gewicht hat, und wenn man sich eines Fernrohrs bedient, daß man das Newton zu verdanken hat. Er ist hier der Herkules des Märchens, dem die Unwissenden alle Taten der anderen zuschreiben.

In einer Londoner Kritik der Rede de Fontenelles hat man vorzubringen gewagt, Descartes sei kein großer Geometer. Wer so spricht, kann sich vorwerfen, seine eigene Amme zu schlagen; von dem Punkt, an dem er die Geometrie vorfand, bis zu dem, zu dem er sie gebracht hat, hat Descartes einen genauso weiten Weg zurückgelegt wie nach ihm Newton. Er ist der erste, der herausfand, wie man algebraischen Gleichungen Kurven gibt. Seine Geometrie, dank ihm heute Allgemeingut, war zu seiner Zeit so tiefgründig, daß kein Professor sich daranwagte, sie zu erklären, und es gab nur Schooten[9] in Holland und Fermat[10] in Frankreich, die es verstanden.

Er übertrug diesen Geist von Geometrie und Erfindungen in die Dioptrik[11], die unter seinen Händen eine ganz neue Kunst wurde; und wenn er sich in etwas täuschte, dann, daß ein Mann, der neues Land entdeckt, nicht gleich all dessen Eigenschaften kennen kann: Die nach ihm kommen und das Land fruchtbar machen, verdanken ihm immerhin die Entdeckung. Ich würde nicht bestreiten, daß alle anderen Werke Descartes' von Irrtümern wimmeln.

Die Geometrie war ein Führer und Leitfaden, den er in gewisser Hinsicht selber gesponnen hatte und der ihn sicherlich zu seiner eigenen Physik gebracht hätte, indes ließ er diesen Führer am Ende liegen und ging dem Geist des Systems nach. Da wurde seine Philosophie nur noch ein scharfsinniger Roman und allenfalls für Ungebildete wahrscheinlich. Er täuschte sich in der Beschaffenheit der Seele, in den Gottesbeweisen, in der Materie, in den Gesetzen der Bewegung, in der Natur des Lichts; er erkannte die angeborenen Ideen an, er erfand neue Elemente, er schuf die Welt, er formte den Menschen auf seine Art, und man sagt zu Recht, daß der Mensch des Descartes tatsächlich nur der des Descartes ist und weit entfernt vom wirklichen.

Seine Irrtümer in der Metaphysik trieb er so weit, daß er vorgab, zwei und zwei seien nur deshalb vier, weil Gott es so gewollt habe. Aber es ist nicht gesagt, daß er nicht auch in seinen Verirrungen schätzenswert war. Er irrte sich, aber das war zumindest mit Methode und mit Konsequenz; er zerstörte die absurden Schimären, die man der

Jugend seit 2000 Jahren vormacht; er lehrte die Menschen seiner Zeit zu denken und sich gegen ihn seiner eigenen Waffen zu bedienen. Wenn er nicht mit gutem Geld gezahlt hat, dann ist es schon viel, das schlechte in Verruf gebracht zu haben.

Ich glaube nicht, daß man seine Philosophie wirklich grundlos mit der Newtons zu vergleichen wagt: Die erste ist ein Versuch, die zweite ein Meisterwerk. Und vielleicht wiegt der, der uns auf den Weg der Wahrheit gebracht hat, den auf, der inzwischen ans Ende dieses Weges gelangt ist.

Descartes gab den Blinden das Augenlicht; sie sahen die Fehler des Altertums und seine. Der Weg, den er erschloß, ist nach ihm unendlich geworden. Das kleine Buch von Rohault[12] hat für einige Zeit eine vollständige Physik erstellt; heute machen die Bände der europäischen Akademien nicht einmal mehr einen Anfang des Systems; bei der Vertiefung des Abgrundes zeigte sich, daß er unendlich ist. Es handelt sich nun darum, zu sehen, was Newton da noch vertieft hat.

1 Newton vgl. Brief VII.
2 Descartes vgl. Brief IV.
3 Locke vgl. Brief VII.
4 Non nostrum...: Es ist nicht unseres Amtes, den so gewaltigen Streit zwischen euch beizulegen. (aus Vergil, *Aeneide*, 1. Gesang)
5 Bernard le Bovier de Fontenelle (1657–1757), französischer Schriftsteller, erster Vermittler zwischen Salonkultur und Naturwissenschaften.
6 Galileo Galilei (1564–1642), italienischer Mathematiker, wegen seines Eintretens für die Kopernikanische Lehre (nicht die Erde, sondern die Sonne ist das Zentrum der Welt) von der Inquisition angeklagt und zum Widerruf gezwungen. Mechanistische Naturphilosophie, beschränkt sich auf Erfahrung und Beobachtung.
7 Schrecken der Leere vgl. Brief XII.
8 Luft vgl. Brief XII. Torricelli.
9 Frans van Schooten (1615–1660), niederländischer Mathematiker.
10 Pierre de Fermat (1601–1665), französischer Mathematiker.

11 Dioptrik = Lichtbrechungslehre.
12 Jacques Rohault (1620–1675), französischer Physiker, Schüler von Descartes. *Traité de physique – Abhandlung der Physik*, 1671.

Fünfzehnter Brief

Über die Lehre von der Anziehung

Die Entdeckungen des Ritters Newton[1], die ihm einen weltweiten Ruf einbrachten, betreffen das System der Welt, das Licht, das geometrisch Unendliche und schließlich die Zeitrechnung, mit der er sich zu seiner Erholung vergnügt hat.

Ich werde Ihnen das wenige erzählen (wenn ich kann, ohne Geschwätz), was ich von all seinen erhabenen Ideen habe begreifen können.

In Hinsicht unseres Weltsystems stritt man lange Zeit über die Ursache, die alle Planeten sich drehen läßt und sie in ihrer Bahn hält, und über die, die hienieden alle Körper zur Erdoberfläche streben läßt.

Das System des Descartes[2], nach ihm erklärt und stark verändert, schien diesen Erscheinungen einen triftigen Grund zu verleihen, und dieser Grund erschien um so wahrscheinlicher, als er einfach und jedem verständlich ist. Aber in der Philosophie muß man allem mißtrauen, was man leicht zu verstehen meint, genauso wie dem, was man nicht versteht.

Das Gewicht, der beschleunigte Fall der Körper, die Wende der Planeten in ihrer Bahn, ihre Drehungen um die eigene Achse – all das ist Bewegung; die Bewegung kann nur als Impuls festgestellt werden; also werden alle diese

Körper geschoben. Aber von wem? Aller Raum ist voll; er ist also mit einer feinsten Materie gefüllt, denn wir nehmen sie ja nicht wahr; diese Materie zieht vom Okzident zum Orient, da alle Planeten vom Okzident zum Orient bewegt werden. Auch hat man sich, von Annahme zu Annahme und von Wahrscheinlichkeit zu Wahrscheinlichkeit, einen gewaltigen Wirbel feinster Materie vorgestellt, in dem die Planeten um die Sonne bewegt werden; man hat noch einen Einzelwirbel ersonnen, der im großen schwimmt und täglich um den Planeten kreist. Hierauf gibt man an, die Schwere hinge von dieser täglichen Bewegung ab; denn die feine Materie, sagt man, die um unseren kleinen Wirbel kreist, muß sich 17mal schneller bewegen als die Erde; wenn sie sich nun 17mal schneller als die Erde bewegt, muß sie eine ungleich größere Zentrifugalkraft haben und folglich alle Körper zur Erde hin drücken. So die Ursache für die Schwere im cartesianischen System.

Aber vor der Berechnung dieser Zentrifugalkraft und der Geschwindigkeit jener feinen Materie müßte man sich vergewissern, ob es sie gibt, und angenommen, es gäbe sie, so erwiese es sich noch immer als falsch, daß sie die Ursache der Schwere sein könne.

Newton scheint alle diese Wirbel, große und kleine, rückhaltlos zu verneinen, sowohl den, der die Planeten um die Sonne trägt, als auch den, der jeden Planeten sich um sich selber drehen läßt.

Erstens, was den angeblich kleinen Wirbel der Erde angeht, so ist erwiesen, daß er nach und nach an Bewegung verlieren muß; es ist erwiesen, daß, wenn die Erde in einer Flüssigkeit schwimmt, diese Flüssigkeit von derselben

Dichte sein muß wie die Erde, und wenn diese Flüssigkeit von derselben Dichte ist, müßten wir an allen Körpern, die wir bewegen, einen äußersten Widerstand feststellen, d. h., es bedürfte eines Hebels von der Länge der Erde, um das Gewicht eines Pfundes aufzuheben.

2. Was die großen Wirbel betrifft, so sind sie noch grillenhafter. Es ist unmöglich, sie mit den Keplerschen Regeln[3] in Einklang zu bringen, deren Richtigkeit feststeht. Newton läßt sehen, daß die Wende der Flüssigkeit, in der Jupiter angeblich mitgeschwemmt wird, sich nicht zur Wende der Flüssigkeit der Erde verhält wie die Wende Jupiters zu der der Erde.

Er beweist, daß, wenn alle Planeten ihre Wende in Ellipsen vollziehen und folglich in ihren *Apheln* recht weit entfernt sind voneinander und in ihren *Perihelen*[4] einander recht nah, die Erde sich z. B. schneller bewegen müßte, wenn sie Venus und Mars näher ist, weil die Flüssigkeit, die sie trägt, dann gedrängter sein und deshalb mehr Geschwindigkeit haben muß; und dabei ist es gerade dann, daß die Erde an Geschwindigkeit verliert.

Er beweist, daß es keine himmlische Materie gibt, die vom Okzident zum Orient zieht, da die Kometen den Raum bald vom Orient zum Okzident, bald von Nord nach Süd durchqueren.

Um die ganze Schwierigkeit – soweit möglich – noch besser herauszustellen, beweist er oder macht zumindest sehr wahrscheinlich, und das sogar mit Experimenten, daß das Volle unmöglich ist, und gibt uns das Leere wieder zurück, das Aristoteles[5] und Descartes aus der Welt gebannt hatten.

Nachdem er mit diesen Überlegungen und noch vielen anderen die Wirbel des Cartesianismus umgeworfen hatte, verzweifelte er daran, nie wissen zu können, ob es ein verstecktes Prinzip in der Natur gäbe, das gleichzeitig die Bewegung aller Himmelskörper und die Erdanziehung bewirkt. Er hatte sich 1666 aufs Land, nahe Cambridge, zurückgezogen, als er eines Tages in seinem Garten spazieren ging und Obst von einem Baum fallen sah; er überließ sich einer tiefgehenden Überlegung über diese Schwere, deren Ursachen alle Philosophen so lange vergebens gesucht hatten, und an der der Pöbel nicht einmal etwas Geheimnisvolles vermutet. Er sagte sich: »Aus welcher Höhe in unserer Hemisphäre diese Körper auch fielen, ihr Fall wäre sicherlich in der von Galilei[6] entdeckten Progression; und die von ihnen durchlaufenen Räume wären wie Zeitfelder. Diese Kraft, die die Körper fallen läßt, bleibt ohne spürbare Verringerung dieselbe, wie tief in der Erde und hoch auf den Bergen man auch sei. Warum sollte sich diese Kraft nicht bis zum Mond strecken? Und wenn es wahr ist, daß sie bis dahin vordringt, hat es nicht allen Anschein, daß sie ihn in seinem Kreis festhält und seine Bewegung bestimmt? Wenn aber der Mond diesem Prinzip, welches das auch sei, gehorcht, ist es nicht nur vernünftig anzunehmen, daß ihm andere Planeten gleichfalls unterworfen sind?

Wenn diese Kraft existiert, muß sie (was übrigens bewiesen ist) umgekehrt proportional zu den Distanzfeldern zunehmen. Es bleibt also nur noch der Weg zu untersuchen, den ein Körper zurücklegt, wenn er aus einer mittleren Höhe zur Erde fällt, und derjenige, den ein Körper zurücklegt, der in derselben Zeit vom Mondkreis fällt. Um darüber Bescheid zu wissen, geht es nur noch darum, das Maß der Erde und den Abstand zwischen Mond und Erde zu kennen.«

So also überlegte Newton. Aber damals hatte man in England nur sehr falsche Maße unseres Globus'; und man bezog sich dabei auf die ungenaue Schätzung der Steuerleute, die für einen Grad sechzig englische Meilen zählten anstelle der zu zählenden annähernd siebzig. Als diese falsche Berechnung nicht übereinstimmte mit den Schlüssen, die Newton ziehen wollte, ließ er diese liegen. Ein mittelmäßiger Philosoph, der bloß eitel gewesen wäre, hätte das Erdmaß mit einem System zusammengepaßt, so gut er gekonnt hätte. Newton zog es da vor, von seinem Projekt abzulassen. Als aber Picart[7] die Erde exakt gemessen hatte, indem er die Mittagslinie zog, die Frankreich soviel Ehre macht, nahm Newton seine ersten Ideen wieder auf und kam mit den Maßen Picarts auf seine Rechnung. Das ist eine Sache, die mir immer bewundernswert erscheint, daß man so ungeheure Wahrheiten mit Hilfe eines Viertelkreises und mit einem bißchen Arithmetik herausgefunden hat.

Der Erdumfang beträgt bei Paris 123 249 600 Fuß von Paris[8]. Daraus kann man das ganze System der Erdanziehung folgern.

Wir kennen den Erdumfang, wir kennen den des Mondkreises und dessen Durchmesser. Die Wende des Mondes vollzieht sich in diesem Kreis in 27 Tagen, 7 Stunden und 43 Minuten; damit ist gezeigt, daß der Mond in seiner mittleren Bewegung 187 960 Fuß von Paris in der Minute zurücklegt; und es ist mit einem bekannten Lehrsatz gezeigt, daß die zentrale Kraft, die einen Körper von der Höhe des Mondes fallen ließe, ihn in der ersten Minute nur 15 Fuß v. Paris fallen lassen würde.

Wenn jetzt die Regel stimmt, nach der die Körper wiegen, gravitieren und sich anziehen im umgekehrten Verhältnis zu den Distanzfeldern, wenn es dieselbe Kraft ist, die nach dieser Regel in der ganzen Natur herrscht, dann ist klar, daß ein Körper, wenn die Erde sechzig Halbdiameter vom Mond entfernt ist, in der ersten Sekunde 15 Fuß fallen muß und 54 000 in der ersten Minute.

Nun ist es so, daß ein Körper tatsächlich 15 Fuß in der ersten Sekunde fällt und in der ersten Minute 54 000 Fuß zurücklegt, was das Quadrat von 60 mal 15 ist; also wiegen die Körper umgekehrt proportional zu den Distanzfeldern; folglich bewirkt dieselbe Kraft die Schwere auf der Erde und das Festhalten des Mondes in seiner Kreisbahn.

Wenn aber gezeigt ist, daß der Mond auf der Erde lastet, die Zentrum seiner Eigenbewegung ist, dann ist gezeigt, daß die Erde und der Mond von der Sonne abhängen, die Zentrum ihrer jährlichen Bewegung ist.

Die anderen Planeten müssen dieser allgemeinen Gesetzmäßigkeit unterliegen, und sie müssen, wenn es diese Gesetzmäßigkeit gibt, den von Kepler herausgefundenen Regeln folgen. Alle diese Regeln, alle diese Beziehungen werden in der Tat von den Planeten mit äußerster Genauigkeit eingehalten; also läßt die Gravitationskraft alle Planeten von der Sonne abhängen, genauso wie unseren Globus. Weil die Reaktion eines Körpers relativ zur Aktion ist, bleibt schließlich als sicher bestehen, daß die Erde ihrerseits auf dem Mond lastet, die Sonne auf den beiden, jeder der Satelliten des Saturn auf den vier anderen und die vier auf ihm, alle fünf auf Saturn und Saturn auf allen; daß es ebenso ist bei Jupiter und daß alle diese Globen von der Sonne angezogen werden, die umgekehrt von ihnen angezogen wird.

Diese Gravitationskraft wirkt proportional zur Materie, die die Körper enthalten; das ist eine der Wahrheiten, die Newton mit Versuchen nachgewiesen hat. Diese neue Entdeckung verhalf zu der Erkenntnis, daß die Sonne als Zentrum alle Planeten im unmittelbaren Verhältnis ihrer Masse zu ihrer Entfernung anzieht. Daraus, sich schrittweise zu Kenntnissen erhebend, die nicht für den menschlichen Verstand gemacht zu sein schienen, wagt er zu berechnen, wieviel Materie die Sonne enthält und wieviel es davon in jedem Planeten gibt; und so machte er ersichtlich, daß auf Grund einfacher mechanischer Gesetze jeder Himmelskörper zwangsläufig an dem Platz stehen muß, wo er ist. Sein Prinzip der Gravitationsgesetze allein erläutert alle offensichtlichen Unregelmäßigkeiten im Lauf der Himmelskörper. Die Veränderungen des Mondes werden zu einer notwendigen Folge dieser Gesetze. Des weiteren erkennt man klar, warum die Scheidepunkte des Mondes mit der Ekliptik[9] in 19 Jahren wiederkommen und die der Erde im Zeitraum von ca. 26 000 Jahren. Flut und Ebbe des Meeres sind eine weitere sehr einfache Auswirkung der Anziehung. Die Nähe des neuen Vollmondes und seine Entfernung, gemeinsam mit der Wirkung der Sonne, begründen klar Hebung und Senkung des Ozeans.

Nachdem er mit seiner großartigen Theorie Verlauf und

Unregelmäßigkeiten der Planeten festgestellt hatte, unterwarf er die Kometen dem Zaum desselben Gesetzes. Diese so lange unbekannten Feuer, die der Schrecken der Welt und das Hindernis der Philosophie waren, von Aristoteles unter den Mond gesetzt und von Descartes über dem Saturn angesiedelt, sind endlich von Newton an ihren rechten Platz gestellt worden.

Er weist nach, daß es feste Körper sind, die sich im Wirkungsfeld der Sonne bewegen und eine so exzentrische und parabelähnliche Ellipse beschreiben, daß bestimmte Kometen mehr als 500 Jahre für eine Wende benötigen.

Halley[10] meint, daß der Komet[11] von 1680 derselbe ist, der zur Zeit von Julius Cäsar[12] auftauchte: Dieser vor allem dient mehr als ein anderer der Erkenntnis, daß die Kometen harte und feste Körper sind; denn er kam der Sonne so nahe, daß er nur um ein Sechstel ihrer Scheibe von ihr entfernt war; er mußte folglich einen zweitausendfach höheren Hitzegrad erreichen als der von aufs höchste erhitztem Eisen. Er wäre binnen kurzem aufgelöst und verschlissen gewesen, wäre er nicht ein fester Körper. Also begann die Bahn der Kometen zur Mode zu werden. Der bekannte Mathematiker Jacques Bernoulli[13] folgerte aus seinem System, daß dieser berühmte Komet von 1680 am 17. Mai wieder auftauchen würde. Kein Astronom legte sich in dieser Nacht zum 17. Mai schlafen, aber der berühmte Komet erschien mitnichten. Es ist zumindest geschickter, wenn nicht sicherer, seine Rückkehr für in 575 Jahren vorzusehen. Ein englischer Geometer namens Wilston[14], nicht weniger Träumer als Geometer, hat allen Ernstes behauptet, daß es zur Zeit der Sintflut einen Kometen gab, durch den unser Globus überflutet worden sei, und er war selbstgerecht genug, sich zu erstaunen, daß man ihn nicht ernst nahm. Im Altertum dachte man ähnlich wie Wilston; man glaubte, die Kometen seien stets Vorläufer eines großen Unglücks auf der Erde. Newton dagegen meint, daß sie Gutes bewirken und daß die von ihnen ausgehenden Dämpfe dazu dienen, die Planeten zu unterstützen und zu beleben, die sich auf ihrer Bahn mit all den Partikeln anreichern, die die Sonne von den Kometen gelöst hat. Diese Annahme ist zumindest wahrscheinlicher als die anderen.

Das ist nicht alles. Wenn diese Gravitations-, diese Anziehungskraft auf alle Himmelskörper einwirkt, wirkt sie schließlich auch auf alle Teile dieser Körper; denn wenn die Körper sich auf Grund ihrer Masse anziehen, kann das nur an der Quantität ihrer Teile liegen; und wenn diese Kraft im Ganzen herrscht, dann auch im Halben, im Achtel und so bis zum Unendlichen. Wenn weiter diese Kraft nicht gleichfalls in jedem Teil wäre, dann gäbe es immer irgendwelche Seiten des Körpers, die mehr als die anderen gravitierten, was aber nicht vorkommt. Also herrscht diese Kraft tatsächlich in der gesamten Materie und in den kleinsten Teilen der Materie.

Und damit haben wir die Anziehungskraft, die die große Triebfeder ist und die die ganze Natur in Bewegung hält.

Newton hatte sehr wohl vorausgesehen, daß man sich nach dem Beweis der Existenz dieses Prinzips allein schon gegen den Namen auflehnen würde. An mehr als einer Stelle seines Buches warnt er seinen Leser vor der Anziehungskraft selbst, er hält ihn an, sie nicht zu verwechseln mit den verborgenen Qualitäten[15] der Alten und sich damit zufriedenzugeben, zu wissen, daß es in allen Körpern eine zentrale Kraft gibt, die von einem Ende der Welt zum anderen auf die nächsten und fernsten Körper gemäß den unwandelbaren Gesetzen der Mechanik wirkt.

Es ist erstaunlich, daß Saurin[16] und de Fontenelle[17] nach diesen feierlichen Beteuerungen dieses großen Philosophen, die beide selber diesen Namen verdienen, ihm ganz offen grillenhaften Peripatetismus[18] vorgeworfen haben: Saurin im Memorandum der Akademie von 1709 und de Fontenelle sogar in der Lobrede auf Newton.

Fast alle Franzosen, gebildete und andere, haben diesen Vorwurf wiederholt. Man hört überall sagen: »Warum hat sich Newton nicht des Wortes Anstoß bedient, das man so gut versteht, statt des Begriffs Anziehung, den man nicht versteht?«

Newton hätte diesen Kritikern entgegnen können: »Erstens verstehen Sie Anstoß genausowenig wie Anziehung, und wenn Sie nicht begreifen, wieso ein Körper zur Mitte eines anderen strebt, können Sie sich auch nicht besser vorstellen, auf Grund welcher Eigenschaft ein Körper einen anderen bewegen kann.

Zweitens habe ich Anstoß nicht zulassen können; denn dazu hätte ich eine Materie kennen müssen, die die Planeten tatsächlich bewegt; nun kenne ich diese Materie nicht nur nicht, sondern ich habe bewiesen, daß es sie nicht gibt.

Drittens bediene ich mich des Wortes Anziehung nur, um einen Effekt auszudrücken, den ich in der Natur entdeckt habe, ein feststehender und unbestreitbarer Effekt eines unbekannten Prinzips, eine der Materie eigene Qualität, deren Ursache Fähigere als ich finden werden, wenn sie können.«

– Was haben Sie uns denn dann gelehrt, beharrt man noch, und wozu so viele Berechnungen, um uns etwas zu sagen, was Sie selber nicht begreifen?

– Ich habe Sie gelehrt, könnte Newton fortfahren, daß aufgrund der Mechanik der zentralen Kräfte alle Körper im Verhältnis zu ihrer Materie Gewicht haben, daß allein diese zentralen Kräfte die Planeten und die Kometen in den bezeichneten Maßen in Bewegung halten. Ich beweise, daß es unmöglich eine andere Kraft für das Gewicht und die Bewegung der Himmelskörper geben kann; denn die Körper streben zur Erde im gezeigten Verhältnis der zentralen Kräfte, und die Planeten vollführen ihren Lauf gemäß denselben Verhältnissen, und wenn es noch eine weitere Kraft gäbe, die auf alle Körper einwirkte, so steigerte sie ihre Geschwindigkeit oder änderte ihre Richtung. Nun hat kein einziger dieser Körper auch nur ein Quentchen Bewegung, Schnelligkeit oder Richtung, das nicht als Effekt der zentralen Kräfte nachgewiesen wäre; es gibt also unmöglich noch ein anderes Prinzip.

Es sei mir erlaubt, Newton noch einen Augenblick sprechen zu lassen. Wird es nicht gut aufgenommen werden, zu sagen: »Ich bin in einer von der der Alten recht verschiedenen Lage. Sie sahen z. B. das Wasser in den Pumpen steigen und sagten: ›Das Wasser steigt, weil es Angst vor dem Leeren hat.‹ Ich bin aber in der Lage dessen, der als erster festgestellt hätte, daß das Wasser in den Pumpen steigt, und es andern überließe, die Ursache der Wirkung zu erklären. Der Anatom, der als erster sagte, daß sich der Arm bewege, weil die Muskeln sich zusammenziehen, lehrte die Menschen eine unwiderlegbare Wahrheit: Wird man ihm weniger zu verdanken haben, weil er nicht gewußt hat, warum die Muskeln sich zusammenziehen? Die Ursache für die Elastizität der Luft ist unbekannt, aber wer diese Federkraft entdeckt hat, hat der Physik einen großen Dienst erwiesen. Die von mir entdeckte Kraft war versteckter, allgemeiner; so sollte man mir etwas mehr Dank wissen. Ich habe eine neue Qualität der Materie entdeckt, eines der Geheimnisse des Schöpfers; ich habe ihre Wirkung berechnet und gezeigt; kann man mich des Namens wegen, den ich ihr gebe, schikanieren?

Es sind die Wirbel, die man eine verborgene Qualität nennen könnte, da man ihre Existenz nie nachgewiesen hat. Die Anziehung dagegen ist etwas Wirkliches, weil man ihre Wirkungen zeigt und ihre Verhältnismäßigkeiten berechnet. Der Grund für diese Ursache liegt im Schoße Gottes.«

Procedes huc, et non ibis amplius.[19]

1 Newton vgl. Brief VII.
2 Descartes vgl. Brief IV.
3 Johannes Kepler (1571–1630), formulierte die nach ihm benannten drei Gesetze der Planetenbewegung (gleichzeitig die ersten Naturgesetze in mathematischer Form), die die Astronomie revolutionierten (1609).
4 Aphel und Perihel: Apside, d. h. die beiden Punkte der elliptischen Bahn eines Himmelskörpers (hier der Erde), in denen er vom Hauptkörper den größten oder kleinsten Abstand hat. Erdbahn: Perihel = Sonnennähe, Aphel = Sonnenferne.
5 Aristoteles vgl. Brief XIII.
6 Galilei vgl. Brief XIV.
7 Jean Picard (1620–1682), Astronom, führte die erste genaue Vermessung eines Erdgrades (zwischen Sourdon bei Amiens und Malvoisine, 1669–70) zur Bestimmung der Erde durch.
8 Fuß von Paris = 0,324 m.

9 Ekliptik = der scheinbare Bahnkreis, den die Sonne am Himmel von Stern zu Stern durchläuft, bis sie nach einem Jahr zum Ausgangspunkt zurückgekehrt ist.

10 Edmond Halley (1656–1742), englischer Astronom, beobachtete, daß die 1531, 1607 und 1682 erschienenen Kometen sich gleich verhielten und daher ein und derselbe Komet sein mußten, der alle 76 Jahre wiederkommt, so 1758. Berechnete als erster, daß Kometen in voraussagbaren parabolischen Umlaufbahnen um die Sonne wandern.

11 Der Komet von 1680 ist der von 1682, siehe oben Halley.

12 Cäsar vgl. Brief VIII.

13 Jakob Bernoulli (1654–1705), Schweizer Mathematiker und Astronom, trug mit seinem Bruder Johann (1667–1748) entscheidend zur Einführung der Infinitesimalrechnung bei.

14 Wilston hatte 1696 eine *Neue Theorie der Erde* veröffentlicht und 1722 *Die nachgewiesene Ursache der Sintflut* hinzugefügt.

15 Verborgene Qualitäten: Aus der Scholastik. Eigenschaften, die so sind, wie sie sind, weil sie so sind, wie Gott sie geschaffen hat.

16 Joseph Saurin (1655–1737), zunächst Pfarrer, widmete sich dann der Geometrie.

17 Fontenelle vgl. Brief XIV.

18 Peripatetismus vgl. Aristoteles Brief XIII. Hier für: scholastisches Denken.

19 Procedes…: Du kommst bis dahin voran und dann nicht weiter.

Woher Voltaire seine Fachkenntnisse in der Physik hatte, läßt sich aus folgendem Brief an Maupertuis ersehen:
(Fontainebleau, Samstag, 8. November 1732) – Pardon, Monsieur, meine Versuchungen sind zum Teufel gegangen, wo sie auch herkamen. Ihr erster Brief brachte mich auf den newtonischen Glauben, Ihr zweiter gab mir die Konfirmation. Mit dem Dank für Ihre Sakramente bitte ich Sie, meine lachhaften Einwendungen zu vernichten, sie sind von der Hand eines Abtrünnigen. Ich werde Ihre Briefe auf immer bewahren, sie sind von einem großen Apostel Newtons. Lumen ad revelationem gentium, ich bin mit einiger Verehrung, Dankbarkeit und Gutwilligkeit Ihr sehr ergebener und unwürdiger Schüler V.

SECHZEHNTER BRIEF

Über die Optik des Herrn Newton

Eine neue Welt ist von den Philosophen des letzten Jahrhunderts entdeckt worden, und diese neue Welt war um so schwieriger kennenzulernen, als man nicht einmal geahnt hatte, daß es sie gab. Den Weisesten erschien es als Vermessenheit, auch nur daran zu denken, man könne herausfinden, nach welchen Gesetzmäßigkeiten sich die Himmelskörper bewegen und wie das Licht wirkt.

Galilei[1], in seinen astronomischen Entdeckungen, Kepler[2], in seinen Berechnungen, Descartes[3], zumindest in seiner Dioptrik, und Newton[4], in allen seinen Arbeiten, haben die Mechanik der Kräfte der Welt gesehen. In der Geometrie hat man das Unendliche der Berechnung unterzogen. Der Kreislauf des Bluts in den Tieren und des Saftes in den Pflanzen[5] hat für uns die Natur verändert. Eine neue Art zu sein wurde den Körpern in der pneumatischen Maschine verliehen. Gegenstände haben sich uns mit Hilfe von Teleskopen angenähert. Schließlich ist das, was Newton über das Licht entdeckt hat, all dessen würdig, was die menschliche Neugierde nach so vielen Neuheiten noch erwarten konnte.

Bis Antonio de Dominis[6] erschien der Regenbogen als unerklärliches Wunder; dieser Philosoph fand heraus, daß er ein notwendiger Effekt von Sonne und Regen war. Descartes machte seinen Namen unsterblich mit der mathematischen Erklärung dieser so natürlichen Erscheinung; er berechnete die Lichtreflexe in den Regentropfen, und dieser Scharfsinn hatte damals etwas Göttliches.

Was aber würde er gesagt haben, hätte man ihn wissen lassen, daß er sich in der Natur des Lichts täuschte; daß er keinen Grund zu der Behauptung hatte, dies sei ein Kugelkörper; daß es falsch ist, daß dieser Stoff, der sich über die ganze Welt erstreckt, um in Aktion versetzt zu werden, nur darauf wartet, von der Sonne bewegt zu werden, so wie ein langer Stock, der sich am einen Ende bewegt, wenn er am anderen geschoben wird; daß es sehr wohl stimmt, daß es von der Sonne ausgeht und von der Sonne in knapp sieben Minuten auf die Erde übertragen wird, während eine Kanonenkugel bei gleichbleibender Geschwindigkeit für diesen Weg 25 Jahre bräuchte?

Wie wäre sein Erstaunen gewesen, wenn man ihm gesagt hätte: »Es ist falsch, daß das Licht direkt reflektiert wird, wenn es auf die festen Teile des Körpers trifft; es ist falsch, daß Körper mit weiten Poren durchlässig sind; und es wird ein Mann kommen, der diese Paradoxe mit mehr Fertigkeit darstellen wird, als der fähigste Künstler den menschlichen Körper seziert!«

Dieser Mann ist gekommen. Newton hat allein mit Hilfe des Prismas vor Augen geführt, daß das Licht die Summe farbiger Strahlen ist, die zusammen Weiß ergeben. Ein einzelner Strahl ist in sich in sieben Strahlen aufgeteilt, die alle auf einem Leintuch oder einem weißen Papier in ihrer Ordnung aufkommen, einer über dem anderen und in gleichen Abständen. Der erste ist feuerfarben, der zweite zitronen, der dritte gelb, der vierte grün, der fünfte blau, der sechste indigo, der siebte violett. Keiner dieser Strahlen, gesiebt in hundert anderen Prismen, wird je die Farbe ändern, die er trägt, so wie gereinigtes Gold sich im Schmelztiegel nicht mehr ändert. Und um der Beweise genug zu tun, daß jeder dieser Elementarstrahlen das, was für unsere Augen seine Farbe macht, in sich trägt, nehmen Sie z. B. ein kleines Stück gelbes Holz und halten Sie es in den feuerfarbenen Strahl: das Holz wird sofort feuerfarben; halten Sie es in den grünen: es wird grün; und so fort mit den übrigen.

Was also ist die Ursache der Farben in der Natur? Nichts anderes als die Anlage der Körper, die Strahlen in einer bestimmten Ordnung zu reflektieren und alle anderen zu absorbieren. Was ist das für eine Anlage? Er zeigt, daß es einzig die Dicke der kleinen Bestandteile ist, aus denen sich ein Körper zusammensetzt. Und wie vollzieht sich diese Reflexion? Man dachte, das sei, weil die Strahlen wie eine Kugel auf einen festen Körper stoßen. Keineswegs; Newton lehrt die erstaunten Philosophen, daß die Körper nur fest sind, weil ihre Poren weit sind, daß das Licht in unseren Augen mitten in der Pore reflektiert wird, daß ein Körper um so transparenter ist, je enger seine Poren sind: so das Papier, das das Licht reflektiert, wenn es trocken ist, und das es durchläßt, wenn es ölig ist, weil das Öl die Poren, indem es sie füllt, erheblich verkleinert.

Indem er die äußerste Porosität der Körper untersucht, wobei jeder Teil seine Poren und jeder Teil dieser Teile die seinen hat, läßt er sehen, daß es nicht sicher ist, ob es überhaupt ein Klümpchen fester Materie auf der Welt gibt; soweit ist unser Verstand davon entfernt zu begreifen, was die Materie ist!

Nachdem er so das Licht zerlegt und den Scharfsinn seiner Entdeckungen soweit gebracht hat, das Mittel zu zeigen, mit dem man die Farbe als aus Grundfarben zusammengesetzt kennenlernt, zeigt er, daß diese Elementarstrahlen, mit dem Prisma getrennt, nur in ihrer Ordnung zusammenstehen, weil sie in derselben Ordnung gebrochen worden sind: Es ist diese bis zu ihm unbekannte Eigenschaft, sich in diesem Verhältnis zu brechen, diese ungleiche Strahlenbrechung, das Vermögen, das Rot weniger zu brechen als die orangene Farbe usw., was er Brechbarkeit nennt.

Die am stärksten reflektierbaren sind die brechbarsten Strahlen; von da zeigt er, daß dieselbe Kraft die Widerspiegelung und die Brechung verursacht.

So viele Wunder sind erst der Anfang seiner Entdeckung; er hat das Geheimnis gefunden, wie man die Schwingungen und Stöße des Lichts sieht, die unaufhörlich kommen und gehen, und die das Licht durchführen oder reflektieren, je nach Dichte der Teile, auf die sie treffen; er traute sich daran, die nötige Dichte der Luftteile zwischen zwei übereinandergelegten Gläsern zu berechnen, das eine gerade, das andere konvex auf einer Seite, um dieses und jenes Durchlassen oder Reflektieren auszuführen und um diese oder jene Farbe zu erzeugen.

Mit all diesen Kombinationen findet er, in welchem Verhältnis das Licht auf die Körper und die Körper auf das Licht wirken.

Er hat das Licht so gut gesehen, daß er festlegte, bei welchem Punkt die Kunst, es zu vermehren und unsere Augen mit Teleskopen zu unterstützen, ihre Grenzen finden muß.

Mit einem edlen Vertrauen, das durchaus verzeihlich ist angesichts des Eifers, mit dem ihn die Anfänge einer von ihm fast entdeckten Kunst anfüllten, hoffte Descartes, mit Ferngläsern auf den Sternen genauso kleine Gegenstände zu sehen, wie man sie auf der Erde unterscheiden kann.

Newton hat gezeigt, daß man die Gläser nicht mehr verbessern kann eben wegen dieser Brechung und dieser Brechbarkeit selbst, die, indem sie uns den Dingen näher bringt, zu viele der Elementarstrahlen ausschließt; er hat an diesen Gläsern das Verhältnis der ausgeschlossenen roten und blauen Strahlen berechnet; und er untersucht, bei einer Beweisführung an Dingen, deren Existenz man nicht einmal ahnte, die Ungleichmäßigkeiten, die das Glas verursacht und die die Brechbarkeit hervorrufen. Er findet heraus, daß, wenn das gläserne Objektiv, konvex auf der einen und flach auf der anderen Seite, mit der flachen Seite dem Objekt zugewandt ist, die Verfälschung durch Bauart und Position des Glases fünffach geringer ist als die, die die Brechbarkeit verursacht, und daß es somit nicht an der Form der Gläser liegt, daß man die Ferngläser nicht verbessern kann, sondern daß man sich da an die Beschaffenheit des Lichtes selber halten muß. Darum entwickelte er ein Teleskop, das die Gegenstände mit Reflexion und mit Berechnung zeigt. Diese neue Art Gläser ist sehr schwierig herzustellen und nicht einfach im Gebrauch; aber man sagt in England, daß ein Reflexionsteleskop von fünf Fuß dieselbe Wirkung hat wie ein Fernglas von hundert.

1 Galilei vgl. Brief XIV.
2 Kepler vgl. Brief XV.
3 Descartes vgl. Brief IV.
4 Newton vgl. Brief VII; sein Werk *Opticks or a Treatise of the Reflexions, Refractions, Inflexions and Colours of Light* erschien 1704.
5 Der Kreislauf des Blutes wurde von Harvey, der des Pflanzensaftes durch Perrault entdeckt, vgl. Brief XVII.
6 Antonio de Dominis (1566–1624), Erzbischof von Spoleto. Schreibt 1611 *Abhandlungen über die Lichtstrahlen in Linse und Iris.*

Siebzehnter Brief

Über das Unendliche und die Zeitrechnung

Das Labyrinth und der Abgrund des Unendlichen sind ebenfalls ein neuer, von Newton[1] abgeschrittener Weg, und man erhält von ihm den Faden, mit dem man sich da zurechtfindet.

Descartes[2] zeigt sich auch bei dieser erstaunlichen Neuheit als sein Vorläufer; er ging mit großen Schritten auf das Unendliche zu, doch hielt er vor dessen Rand an. Wallis[3] war in der Mitte des vorigen Jahrhunderts der erste, der einen Bruch durch fortgesetzte Teilung zu einer unendlichen Folge reduzierte.

Lord Brouncker[4] bediente sich dieser Folge, um die Hyperbel ins Quadrat zu erheben.

Mercator[5] veröffentlichte eine Darstellung dieser Quadratur. Es war ungefähr zu dieser Zeit, daß Newton, im Alter von 23 Jahren, eine allgemeine Methode erdacht hatte, auf alle Kurven das anzuwenden, was man gerade an der Hyperbel ausprobiert hatte.

Das ist die Methode, das Unendliche überall der algebraischen Berechnung zu unterwerfen, die man Differential- oder Integralrechnung nennt. Das ist die Kunst, das zu numerieren und genau zu messen, wovon man nicht einmal die Existenz wahrnehmen kann.

In der Tat, würden Sie nicht glauben, man wolle sich

über Sie lustig machen, wenn man Ihnen sagte, es gäbe unendlich lange Linien, die einen unendlich kleinen Winkel bilden?

Daß eine Gerade eine Gerade ist, soweit sie endlich ist, aber, in unendlich geringem Maße die Richtung ändernd, eine unendliche Kurve wird: daß die Kurve unendlich weniger Kurve werden kann?

Daß es unendliche Quadrate, unendliche Würfel und unendliche Unendliche gibt, deren vorletztes ein Nichts ist im Verhältnis zum letzten?

All dies, was zunächst als Höhe der Unvernunft erscheint, ist in Wirklichkeit die Leistung von Scharfsinn und Ausweitung des menschlichen Verstandes sowie die Methode, bis dahin unbekannte Wahrheiten herauszufinden.

Dieses so gewagte Gedankengebäude ist dabei auf einfachen Ideen begründet. Es handelt sich darum, die Diagonale eines Quadrats zu messen, den Flächeninhalt einer Kurve zu haben, die Quadratwurzel zu einer Zahl zu finden, die in der normalen Arithmetik keine hat.

Und nach allem dürfen so viele Arten des Unendlichen das Vorstellungsvermögen nicht mehr überfordern als die so bekannte Feststellung, daß man zwischen Kreis und Tangente immer noch Kurven hindurchführen kann; oder die andere, daß die Materie immer teilbar ist. Diese beiden Wahrheiten sind seit langer Zeit erwiesen und sind nicht einfacher zu verstehen als der Rest.

Man hat Newton lange abgestritten, diese Rechnung eingeführt zu haben. Leibniz[6] galt in Deutschland als Entdecker der Differentiale, die Newton Fluxionen nennt, und Bernoulli[7] beanspruchte die Integralrechnung; aber die Ehre der Erstentdeckung ist Newton geblieben und den anderen der Ruhm, Unentschiedenheit zwischen sich und ihm hervorrufen zu können.

So kam es, daß man Harvey[8] die Entdeckung des Blutkreislaufs absprach und Perrault[9] den des Pflanzensaftes. Hartsœker[10] und Leeuwenhœk[11] haben sich die Ehre streitig gemacht, als erster die kleinen Würmchen gesehen zu haben, aus denen wir gemacht sind. Derselbe Hartsœker hat Huyghens[12] die Einführung einer neuen Methode bestritten, die Entfernung eines Fixsterns zu berechnen. Man weiß noch nicht, welcher Philosoph das Problem der Radlinie herausfand.

Wie dem auch sei, es ist diese Geometrie des Unendlichen, die Newton zu den großartigsten Erkenntnissen verhalf.

Es bleibt mir noch von einem anderen Werk zu sprechen, das eher in der Reichweite der Menschheit liegt, das aber immer noch etwas vom Schöpfergeist hat, den Newton in alle seine Untersuchungen trug; das ist eine ganz neue Zeitrechnung, denn in allem, was er unternahm, war es erforderlich, daß er die von anderen übernommenen Vorstellungen änderte. Gewohnt, Chaotisches zu entwirren, hat er zumindest etwas Licht in diese alten, mit der Geschichte verschmolzenen Fabeln bringen und eine unsichere Zeitrechnung richtigstellen wollen. Es ist richtig, daß es keine Familie, Stadt oder Nation gibt, die nicht ihren Ursprung zurückzuverfolgen versucht; dazu sind die ersten Geschichtsschreiber am nachlässigsten im Festhalten von Daten; Bücher waren tausendmal weniger verbreitet als heute; da man folglich weniger der Kritik ausgesetzt war, täuschte man die Umwelt gefahrloser; und da man augenscheinlich Ereignisse vermutet hat, ist es recht wahrscheinlich, daß man ebenso auch Daten angenommen hat.

Im Ganzen schien Newton die Welt um 500 Jahre jünger zu sein, als die Chronisten sagen; er begründet seine Annahme mit dem normalen Verlauf der Natur und astronomischen Berechnungen.

Wir verstehen hier unter Verlauf der Natur die Zeit einer jeden Menschengeneration. Die Ägypter hatten sich als erste dieser unsicheren Zählweise bedient. Als sie die Anfänge ihrer Geschichte schreiben wollten, zählten sie 341 Generationen von Menes bis Sethon[13], und da sie keine festen Daten hatten, setzten sie drei Generationen für hundert Jahre an. So rechneten sie von der Herrschaft des Menes bis zur Herrschaft des Sethon 11 340 Jahre.

Die Griechen folgten der Methode der Ägypter, bevor sie nach Olympiaden zählten, und weiteten die Dauer der Generationen sogar noch ein wenig aus, indem sie jede Generation auf vierzig Jahre dehnten.

Nun, da täuschten sich Ägypter und Griechen in ihrer Rechnung. Es ist wohl wahr, daß bei normalem Verlauf der Natur drei Generationen ca. 100–120 Jahre ausmachen; aber es müssen dann auch drei Herrschaften diese Anzahl Jahre halten. Es ist klar, daß die Menschen im allgemeinen länger leben, als die Könige regieren. So wird ein Mann, der die Geschichte ohne genaue Daten schreiben will und der weiß, daß es in einem Volk neun Könige gegeben hat, sehr falsch liegen, wenn er 300 Jahre für diese neun Könige rechnet. Jede Generation hat ungefähr 36 Jahre; jede Herrschaft ungefähr zwanzig, da eins das andere trägt. Nehmen Sie die dreißig Könige Englands von Wilhelm dem Eroberer[14] bis Georg I.[15]; sie haben 648 Jahre geherrscht, was aufgeteilt auf die dreißig Könige für jeden 21 ½ Jahre Herrschaft ergibt. 63 französische Könige haben, einer nach dem anderen, jeder fast zwanzig Jahre regiert. Dies also ist der Normalverlauf der Natur. Also haben sich die Alten getäuscht, als sie, im großen und ganzen, Dauer von Herrschaft und Generation gleichgesetzt haben; sie haben also zuviel gezählt; also liegt es nahe, ein wenig von ihrer Rechnung abzuziehen.

Die astronomischen Beobachtungen scheinen unserem Philosophen noch mehr zu helfen; er wirkt stärker, wenn er auf eigenem Boden kämpft.

Sie wissen, mein Herr, daß die Erde außer ihrer jährlichen Bewegung, die sie im Laufe eines Jahres von West nach Ost um die Sonne trägt, noch einen extra Wendekreis hat, der bis zu dieser jüngsten Zeit vollkommen unbekannt war. Seine Pole haben eine sehr langsame Rückwärtsbewegung von Ost nach West, die bewirkt, daß jeden Tag ihre Position nicht mehr genau denselben Punkten am Himmel entspricht. Diese Differenz, kaum spürbar in einem Jahr, wird mit der Zeit recht stark, und am Ende von 72 Jahren findet man eine Differenz von einem Grad, d. h. dem 360. Teil des ganzen Himmels. So entspricht nach 72 Jahren der Wendekreis der Frühlingsnachtgleichheit, die mit einem Fixstern auftrat, einem anderen Fixstern. Daher kommt es, daß die Sonne, statt da zu sein, wo zur Zeit des Hipparch[16] der Widder stand, sich in Beziehung zu dem

Teil befindet, wo der Stier war, und die Zwillinge sind an der Stelle, wo damals der Stier war. Alle diese Zeichen haben den Standort geändert; dabei behalten wir die Art bei, von den alten zu sprechen; mit derselben Lässigkeit, mit der wir sagen, die Sonne drehe sich um die Erde, sagen wir, die Sonne sei im Frühling im Widder.

Hipparch war bei den Griechen der erste, der Veränderungen in den Konstellationen mit Bezug auf die Äquinoktien[17] wahrnahm; oder vielmehr erfuhr er es von den Ägyptern. Die Philosophen schreiben diese Bewegung den Sternen zu; denn damals war man noch schön weit davon entfernt, sich eine solche Wende der Erde vorzustellen: Man hielt sie für in jeder Beziehung starr. Sie schufen also einen Himmel, an dem sie die Sterne befestigten, und verliehen diesem Himmel eine eigene Bewegung, die ihn gen Osten ziehen ließ, während alle Sterne ihre tägliche Route von Osten nach Westen zu machen schienen. Diesem Irrtum fügten sie noch einen zweiten, wohl wesentlicheren, hinzu; sie glaubten, der angenommene Himmel der Fixsterne käme um ein Grad in hundert Jahren in Richtung Osten voran. Auf diese Art irrten sie in ihrer astronomischen Berechnung ebenso wie in ihrem physikalischen System. Ein Astronom würde damals zum Beispiel gesagt haben: »Die Frühlingsnachtgleichheit ist zur Zeit dieses oder jenes Beobachters in dem und dem Zeichen bei dem und dem Stern gewesen; sie hat von diesem Beobachter bis zu uns den Weg von zwei Graden zurückgelegt; nun sind zwei Grad 200 Jahre; also lebte dieser Beobachter 200 Jahre vor mir.« Es steht fest, daß ein Astronom, der so gedacht hätte, sich um genau 54 Jahre verrechnet hätte.

Darum legten die doppelt getäuschten Alten das große Weltjahr, d. h. eine Wende des ganzen Himmels, auf ca. 36 000 Jahre an. Doch die Modernen wissen, daß diese imaginäre Wende des Sternhimmels nichts anderes ist als die Wende der Erdpole, die sich in 25 900 Jahren vollzieht. Hier ist es angebracht, en passant zu bemerken, daß Newton beim Bestimmen der Erdform den Grund dieser Wende sehr gelungen erklärt hat.

Nachdem all dies festgelegt ist, bleibt, um die Zeitrechnung zu fixieren, nachzusehen, bei welchem Stern der Wendekreis des Äquinoktiums heute die Sonnenbahn im Frühling schneidet, und zu wissen, ob sich nicht irgendein Alter findet, der uns gesagt hat, an welcher Stelle die Sonnenbahn zu seiner Zeit vom Wendekreis des Äquinoktiums geschnitten worden ist. Clemens Alexandrin[18] berichtet, daß Chiron[19], der mit den Argonauten fuhr, die Gestirne zur Zeit dieser berühmten Expedition beobachtete und die Frühlingsnachtgleichheit in der Mitte des Widder festlegte, das Äquinoktium des Herbstes in der Mitte der Waage, die Sonnenwende unseres Sommers mitten im Krebs und die des Winters mitten im Steinbock.

Lange Zeit nach der Argonautenfahrt und ein Jahr vor dem Peloponnesischen Krieg beobachtete Meton[20], daß der Moment der Sommersonnenwende im achten Grad des Krebses lag.

Nun besteht jedes Zeichen des Zodiak[21] aus 30 Graden. Zu Chirons Zeit war die Sonnenwende auf der Hälfte des Zeichens, d. h. beim 15. Grad; ein Jahr vor dem Peloponnesischen Krieg auf dem achten: Also war sie um sieben Grad zurückgefallen. Ein Grad entspricht 72 Jahren: Also sind es vom Beginn des Peloponnesischen Krieges zur Argonautenfahrt bloß sieben mal 72 Jahre, was 504 Jahre macht und nicht 700, wie die Griechen sagten. Auf diese Weise den heutigen Himmelsstand mit dem damaligen vergleichend sehen wir, daß die Argonautenfahrt ca. 900 Jahre vor Jesus Christus angesiedelt werden muß und nicht annähernd 1400 Jahre; und folglich ist die Welt um 500 Jahre jünger, als man dachte. So sind uns alle Epochen nähergekommen, und alles fand später statt, als man sagte. Ich weiß nicht, ob dieses System großes Glück haben wird und ob man sich wird entschließen wollen, in diesem Sinne die Zeitrechnung der Welt zu ändern; vielleicht finden die Gelehrten, daß es zuviel des Guten wäre, ein und demselben Manne die Ehre zuzugestehen, gleichzeitig Physik, Geometrie und Geschichte vervollkommnet zu haben: Das wäre eine Art weltweite Alleinherrschaft, der sich die Eigenliebe schlecht anpaßt. Auch bekämpften zur Zeit, da ihn sehr große Philosophen wegen der Anziehung angriffen, andere sein Zeitsystem. Die Zeit, die zeigen müßte, wem der Sieg zusteht, wird den Streit vielleicht nur noch unentschiedener lassen.

1 Newton vgl. Brief VII.
2 Descartes vgl. Brief IV.
3 John Wallis (1616–1703), Geometer.
4 William Brouncker (1620–1684), irischer Mathematiker, untersuchte Kettenbrüche und unendliche Reihen.
5 Nikolaus Mercator (1620–1687) entdeckte die logarithmische Reihe.
6 Leibniz vgl. Brief XI.
7 Bernoulli vgl. Brief XV.
8 William Harvey (1578–1657), königlicher Leibarzt Jacobs I. und Charles I. Entdeckt 1618 den doppelten Blutkreislauf.
9 Perrault (1613–1688), Architekt, Arzt und Gelehrter.
10 Nikolaus Hartsœker (1655–1725), holländischer Physiker, perfektionierte das Mikroskop.

11 Anton van Leeuwenhœk (1632–1723), holländischer Naturwissenschaftler, beschreibt die Kapillarzirkulation, entdeckt mit einem einfachen Mikroskop 1673 die roten Blutkörperchen, 1683 die Bakterien im menschlichen Speichel.

12 Christiaan Huyghens (1629–1695), holländischer Mathematiker.

13 Menes/Sethon: Gemeint ist wahrscheinlich die Zeit zwischen der Urzeit, der Herrschaft des Gottes Seth, und dem Beginn der historischen Zeit, die mit der Herrschaft des Königs Menes um 2900 v. Chr. beginnt.

14 Wilhelm der Eroberer vgl. Brief IX.

15 Georg I. vgl. Brief IV.

16 Hipparch von Nizäa (190–125 v. Chr.), griechischer Astronom, Begründer der auf Beobachtung beruhenden Astronomie.

17 Äquinoktien: Zeit der Tag- und Nachtgleiche, etwa am 21. 3. und 23. 9.: Die Sonne geht um 6 Uhr auf, um 18 Uhr unter.

18 Clemens Alexandrin = Titus Flavius Clemens (140/50–215/16), Leiter der Katechetenschule von Alexandrien.

19 Chiron: In der griechischen Sage weiser Kentaur, Jäger und Arzt. Lehrer des Achill.

20 Meton (5. Jh. v. Chr.), athenischer Astronom. Nach ihm: Metonischer Zyklus.

21 Zodiak: Das Zodiakallicht (Tierkreislicht) ist eine am Ost- oder Westhimmel sichtbare, schwach leuchtende Fläche in Form einer nach unten geneigten Pyramide, die sich von der unter dem Horizont stehenden Sonne aus längs der Ekliptik erstreckt.

Achtzehnter Brief
Über die Tragödie

Die Engländer hatten genauso wie die Spanier schon ein Theater, als die Franzosen erst Bretterbühnen hatten. Shakespeare[1], der als der Corneille[2] der Engländer galt, war ungefähr zu Zeiten Lope de Vegas[3] auf seinem Höhepunkt. Er schuf das Theater. Er hatte ein Genie voller Kraft und Fruchtbarkeit, Unverfälschtem und Erhabenem, nicht das geringste Fünkchen guten Geschmacks, noch die geringste Kenntnis der Regeln. Ich sage Ihnen etwas Gewagtes, aber Wahres: Das Talent dieses Autors hat das englische Theater verdorben; es gibt dort so schöne Szenen, so großartige und so schreckliche Abschnitte, verteilt auf monströse Farcen, die man Tragödien nennt, daß diese Stücke immer mit Erfolg gespielt worden sind. Die Zeit, die allein den Ruhm der Menschen macht, verleiht ihren Mängeln am Ende Ansehen. Der Großteil der absonderlichen und riesenhaften Ideen dieses Autors haben im Lauf von 200 Jahren das Recht erworben, für großartig zu gelten; die modernen Autoren haben ihn fast alle nachgeahmt, was aber bei Shakespeare ankam, wird bei ihnen ausgepfiffen, und Sie glauben wohl, daß die Verehrung dieses Alten im gleichen Maße zunimmt wie die Ablehnung der Neuen. Man überlegt nicht, daß man ihn vielleicht nicht nachahmen sollte, und der schlechte Erfolg seiner

Kopisten bewirkt nur, daß man ihn für unnachahmlich hält.

Sie wissen, daß in der Tragödie vom *Mohr von Venedig*, ein sehr ergreifendes Stück, ein Mann seine Frau auf der Bühne erwürgt, und während die arme Frau erwürgt wird, schreit sie, daß sie ganz zu Unrecht stirbt. Es ist Ihnen nicht unbekannt, daß im *Hamlet* die Totengräber ein Grab schaufeln, während sie trinken, Gassenhauer singen und auf Leuten ihres Gewerbes angemessene Späße kommen. Was Sie aber überraschen wird, ist, daß man diese Dummheiten unter der Herrschaft Charles' II.[4] imitiert hat, die jene der Höflichkeit war und die goldene Zeit der schönen Künste.

Otway[5] läßt in seinem *Geretteten Venedig* den Senator Antonio und die Kurtisane Naki mitten in den Schrecken der Verschwörung des Marquis von Bedmar auftreten. Der alte Senator vollführt an seiner Kurtisane alle geschmacklosen Äffischkeiten eines impotenten Lustgreises; er macht Stier und Hund nach, beißt die Beine seiner Mätresse, die ihm Fußtritte und Peitschenschläge gibt. Man hat diese für den miesesten Pöbel gemachten Lächerlichkeiten in Otways Stück ausgemerzt; aber in Shakespeares *Julius Cäsar* hat man die Späße der Schuster und Flicker, die in der Szene mit Brutus und Cassius auftreten, gelassen. Und das, weil der Blödsinn Otways modern und der Shakespeares alt ist.

Sicherlich beklagen Sie es, daß jene, die Ihnen bisher vom englischen Theater erzählt haben und vor allem vom berühmten Shakespeare, Ihnen bislang nur die Fehler gezeigt haben und daß niemand auch nur eine dieser schlagenden Stellen übersetzt hat, die Nachsicht für alle seine Fehler fordern. Ich antworte Ihnen, daß es wohl einfach ist, über die Fehler eines Dichters zu berichten, aber sehr schwierig, seine schönen Verse zu übersetzen. All die Pedanten, die sich zu Kritikern berühmter Schriftsteller erheben, füllen Bände; ich hätte lieber zwei Seiten, die uns einige Schönheiten zeigten; denn ich werde mit den Leuten von Geschmack immer dabei bleiben, daß man mehr hat von zwölf Versen Homers[6] und Vergils[7] als von all den Kritiken, die über diese beiden Männer verfaßt wurden.

Ich habe versucht, einige Stücke der besten englischen Dichter zu übersetzen: hier eines von Shakespeare. Haben Sie Mitleid mit der Kopie zugunsten der Vorlage; und erinnern Sie sich stets, daß Sie, wenn Sie eine Übersetzung sehen, bloß den schwachen Abdruck eines schönen Bildes sehen.

Ich habe den Monolog der Tragödie *Hamlet* ausgesucht, der aller Welt bekannt ist und der mit dem Vers beginnt:

To be or not to be, that is the question.
Es spricht Hamlet, Prinz von Dänemark:
Warte, es heißt wählen, und augenblicks
scheiden vom Leben zum Tod, vom Sein in das Nichts.
Grausame Götter! wenn dem so ist, klärt mir das Herz.
Muß ich altern, gebückt unter der Hand, die mich
unterdrückt,
ertragen oder enden mein Unglück und Schicksal?
Wer bin ich? wer hält mich? und was ist der Tod?
Er bedeutet das Ende unserer Übel, mein einzig Asyl;
nach langen Wallungen ein ruhiger Schlaf;

man schläft ein, und alles stirbt. Aber ein schrecklich
Erwachen
muß der Süße des Schlummers wohl folgen.
Man bedroht uns und sagt, daß dies kurze Leben
sogleich gefolgt werde von ewigen Qualen.
Oh Tod! fataler Moment! entsetzliche Ewigkeit!
Allein dein Name macht jedes Herz vor Entsetzen zu Eis.
Eh! wer könnte ohne Dich das Leben ertragen,
unserer verlogenen Priester Scheinheiligkeit loben,
einer würdelosen Geliebten Verirrungen weihen,
unter einem Minister kriechen und seinen Hochmut
bewundern
und die Mattheit der niedergeschlagenen Seele
sich abwendenden Freunden noch zeigen?
Der Tod wäre zu süß an diesen äußersten Grenzen;
aber das Gewissen hebt an und schreit: »Halt!«
Es verbietet unseren Händen diesen glücklichen Mord,
macht aus dem Kriegshelden den schüchternen Christen usf.

Glauben Sie nicht, ich hätte hier das Englische wortwörtlich übertragen; Schande den Verfertigern wortwörtlicher Übersetzungen, die dabei nur den Sinn abtöten! Da kann man wohl sagen, daß der Buchstabe tötet und der Geist belebt.

Hier noch eine Passage eines berühmten englischen Tragikers, Dryden[8], Dichter der Zeit Charles' II., ein eher fruchtbarer als vernünftiger Autor, der ein ungetrübtes Ansehen genösse, hätte er nur den zehnten Teil seiner Werke verfaßt, und dessen Fehler ist, daß er universell hat sein wollen.

Dieser Abschnitt beginnt so:

When I consider life, t'is all a cheat.
Yet fool'd by hope men favour the deceit.
Von Absicht zu Bedauern und vom Irrtum zum Begehren
lassen die Sterblichen ihre Narrheit gehen.
Im hiesigen Unglück und der Hoffnung auf Glück
leben wir nie, wir erwarten es nur.
Morgen, morgen, sagt man, werden all unsere Wünsche
erfüllt;
morgen kommt, und läßt unsere Hoffnung doch ungestillt.
Was ist denn falsch an der Sorge, die uns verzehrt?
Niemand von uns will seinen Weg von neuem beginnen:
von Anfang an verfluchen wir's Licht
und erwarten noch von der kommenden Nacht,
was unsere schönsten Tage uns vorgemacht usw.

Es ist in diesen losgelösten Abschnitten, daß die Engländer bis jetzt geglänzt haben; ihre Stücke, fast alle barbarisch, ohne jede Schicklichkeit, Ordnung, Wahrscheinlichkeit[9], eröffnen erstaunliche Lichtblicke inmitten solcher Dunkelheit. Der Stil ist zu schwulstig, zu unnatürlich, zu sehr den hebräischen Schriftstellern nachgeahmt, die so voll des asiatischen Bombasts sind; man muß aber auch einräumen, daß die Stelzen des übertragenen Stils, auf die die englische Sprache geschraubt ist, auch den Geist recht hochheben, wenn auch bei unregelmäßigem Schritt.

Der erste Engländer, der ein vernünftiges und von Anfang bis Ende mit Eleganz geschriebenes Stück verfaßt hat, ist der erlauchte Addison[10]. Sein *Cato* ist ein Meisterwerk an Sprache und Schönheit der Verse. Die Rolle des

Cato ist meines Erachtens weit über der der Cornélie in Corneilles *Pompée*, denn Cato ist groß ohne Bombast, und Cornélie, die übrigens keine notwendige Figur ist, hat es bisweilen mit dem Schwulst. Der Cato des Herrn Addison scheint mir die schönste Person zu sein, die es in irgendeinem Theaterstück gibt, aber die anderen Rollen des Stücks entsprechen dem nicht; und dieses so gut geschriebene Werk ist von einem kalten Liebeshandel entstellt, der dem Stück eine Langatmigkeit verleiht, die es tötet.

Die Sitte, um jeden Preis die Liebe in die dramatischen Werke einzuführen, zieht gegen 1660 mit unseren Haarschleifen und Perücken von Paris nach London. Die Frauen, die wie hier die Darbietungen schmücken, wollen es nicht mehr dulden, daß man noch über etwas anderes spricht als die Liebe. Der kluge Addison hatte die weiche Gefälligkeit, die Strenge seines Charakters vor dem Geschmack der Zeit zu beugen, und verdarb ein Meisterwerk, um zu gefallen.

Seit ihm sind die Stücke regelmäßiger geworden, das Volk eigensinniger, die Autoren korrekter und weniger wagemutig. Ich habe sehr gescheite, aber kalte Stücke gesehen. Es scheint, daß die Engländer bisher nur dazu gemacht waren, unregelmäßige Schönheiten hervorzubringen. Die brillanten Ungetüme Shakespeares machen tausendmal mehr Spaß als die moderne Gescheitheit. Bis jetzt gleicht das poetische Genie der Engländer einem buschigen, von der Natur gepflanzten Baum, der gelegentlich tausend Äste zugleich sprießen läßt und ungleich und mit Kraft wächst; er stirbt, wenn Sie seine Natur bezwingen und ihn zu einem Baum der Gärten von Marly-le-Roi[11] stutzen wollen.

1 William Shakespeare (1564–1616), größter englischer Dramatiker.

2 Pierre Corneille (1606–1684), neben Racine und Molière größter französischer Dramatiker des 17. Jahrhunderts; in Frankreich Schöpfer des klassischen Dramas.

3 Lope Félix de Vega Carpio (1562–1635), spanischer Dichter, Schöpfer des spanischen Nationaltheaters.

4 Charles II. vgl. Brief III.

5 Thomas Otway (1652–1685), englischer Dramatiker.

6 Homer, griechischer Epiker im 8. Jahrhundert v. Chr.

7 Publius Vergilius Maro (70–19 v. Chr.), gilt als der größte römische Dichter. Sein Epos *Aeneide* diente Voltaire als Vorbild zur *Henriade*.

8 John Dryden (1631–1700), englischer Dramatiker, Dichter, Satiriker und Kritiker. Sein Schrifttum spiegelt alle Strömungen seiner Zeit.

9 Schicklichkeit, Ordnung, Wahrscheinlichkeit: Das französische Drama des 17. und teilweise auch noch des 18. Jahrhunderts unterliegt strengen Regeln. Zum einen gilt Aristoteles' *Poetik*: In der Tragödie geht es um eine edle und abgeschlossene Handlung, bei gewählter Redeform und (gesellschaftlich) erhabenen Personen. Es gelten die drei Einheiten von Ort (1 Handlungsort), Zeit (die dargestellte Handlung dauert nicht länger als 24 Stunden) und Handlung. Die Komödie handelt von niederen Dingen.
Zum anderen gelten Forderungen, deren Erfüllung die Dramen erst hof- bzw. gesellschaftsfähig macht: Wohlanständigkeit, Geist und Witz, Ehrenhaftigkeit, Weltläufigkeit, Eleganz, Schönheit und Wahrscheinlichkeit.

10 Joseph Addison (1672–1719). Voltaire bezeichnete seine 1713 uraufgeführte Tragödie *Cato* als die einzige durchweg gutgeschriebene englische Tragödie. Addison neigte den 1705 an die Macht gelangenden Whigs zu und ließ diese Einstellung in seinen Werken zum Ausdruck kommen: Daher seine Staatsämter.

11 Marly-le-Roi, Ende des 17. Jahrhunderts königliche Residenz Louis' XIV., der sich gelegentlich von Versailles aus dorthin zurückzog. In Marly empfangen zu werden oder etwas mit den »Marlys« zu tun zu haben, war etwas Besonderes: Voltaire hätte auch einen anderen französischen Garten nennen können.

Neunzehnter Brief

Über die Komödie

Ich weiß nicht, wieso der kluge und scharfsinnige de Muralt[1], von dem wir die Briefe über die Engländer und Franzosen haben, sich darauf beschränkt hat, beim Besprechen der Komödie einen Lustspieldichter namens Shadwell[2] zu kritisieren. Dieser Autor wird von seinen Zeitgenossen ziemlich wenig beachtet; er war keineswegs der Dichter der Leute von Welt; seine Stücke, an denen das Volk bei einigen Vorstellungen Gefallen fand, wurden von den Leuten von Geschmack geringgeschätzt und ähnelten so vielen Stücken, die ich in Frankreich die Masse anziehen und die Leser empören sah und von denen man hat sagen können:

Ganz Paris verurteilt sie, und ganz Paris drängt sich danach.

De Muralt hätte, wie es scheint, zu uns von einem hervorragenden Autor sprechen müssen, der damals lebte: Das war Wycherley[3], der lange Zeit der erklärte Liebhaber der bekanntesten Mätresse Charles' II.[4] war. Dieser Mann, der sein Leben in den höchsten Kreisen verbrachte, kannte genau deren Laster und Lächerlichkeiten und malte sie in den kräftigsten und naturgetreuesten Farben.

Er hat einen *Menschenfeind* geschrieben, den er Molière[5] nachgeahmt hat. Bei Wycherley sind alle Züge stärker und gewagter als bei unserem Misanthropen; aber sie haben gleichermaßen weniger Feinheit und Schicklichkeit. Der englische Autor hat den einzigen Fehler korrigiert, den es in Molières Stück gibt; das ist der Mangel an Intrige und Spannung. Das englische Stück ist spannend, und seine Intrige ist genial; sicherlich ist es zu gewagt für unsere Sitten. Es handelt von einem Schiffskapitän voll innerer Werte, Offenheit und Verachtung für die Menschheit; er hat einen klugen und zuverlässigen Freund, dem er nicht traut, und eine Geliebte, die ihn zärtlich liebt und auf die er keinen Blick zu richten geruht; dagegen hat er sein ganzes Vertrauen in einen falschen Freund gesetzt, der der unwürdigste Mensch ist, den es überhaupt gibt, und sein Herz gehört der kokettesten und gemeinsten aller Frauen; es steht wohl fest, daß jene Frau eine Penelope ist und der falsche Freund ein Cato. Er fährt in den Kampf gegen die Holländer und läßt all sein Geld, seine Edelsteine und was er alles hat bei dieser guten Frau und empfiehlt diese Frau dem treuen Freund, von dem er so viel hält. Dieweil schifft sich der wirkliche Ehrenmann, dem er so sehr mißtraut, mit ihm ein; und die Geliebte, die er keines Blickes würdigt, verkleidet sich als Page und geht mit auf Fahrt, ohne daß der Kapitän sich während des Feldzugs über ihr Geschlecht klar wird.

Nachdem er sein Schiff in einer Schlacht in die Luft hat jagen lassen, kehrt der Kapitän ohne Hilfe, Schiff und Geld mit seinem Pagen und seinem Freund nach London zurück, wobei er weder die Freundschaft des einen noch die Liebe des anderen erkennt. Er geht direkt zur Perle der Frauen, die mit seiner Kassette und ihrer Treue wiederzusehen er fest rechnet: Er findet sie mit dem ehrenhaften

Schurken verheiratet, dem er sich anvertraut hatte, und man hat ihm von seinem Guthaben nur einen Rest aufbewahrt. Unser Mann hat alle Mühe zu glauben, daß eine wohlanständige Frau derartige Sachen machen könnte; um ihn aber besser davon zu überzeugen, verliebt sich diese ehrenwerte Dame in den kleinen Pagen und will ihn im Sturm nehmen. Da es aber sein muß, daß die Gerechtigkeit siegt und daß in einem Theaterstück das Böse bestraft und die Tugend belohnt wird, ergibt es sich zu guter Letzt, daß der Kapitän den Platz des Pagen einnimmt, mit der Untreuen schläft, seinen verräterischen Freund zum Hahnrei macht, ihm einen guten Säbelhieb durch den Leib verpaßt, die Kassette zurücknimmt und seinen Pagen heiratet. Sie werden bemerken, daß das Stück noch angereichert ist mit einer Gräfin Pimbesche, eine uralte Prozeßführerin, eine Verwandte des Kapitäns, die wohl das spaßigste Geschöpf und der beste Theatercharakter sein dürfte.

Wycherley hat noch ein Stück von Molière übernommen, das nicht minder einzig und gewagt ist: eine Art der *Schule der Frauen*.

Die Hauptperson ist ein wohlhabender Schelm, der Schrecken der Londoner Ehemänner, der, um sicherzugehen, darauf kommt, das Gerücht in Umlauf zu bringen, daß die Chirurgen es bei seiner letzten Krankheit für angebracht hielten, ihn zum Eunuchen zu machen. Bei diesem guten Ruf vertrauen ihm alle Ehemänner ihre Frauen an, und der Arme ist nur noch um die Wahl verlegen; er bevorzugt vor allem eine Kleine vom Lande, die sehr unschuldig und temperamentvoll ist und die ihrem Mann mit einer Gutgläubigkeit die Hörner aufsetzt, die mehr Wert hat als das Raffinement der erfahrensten Damen. Wenn Sie wollen, ist dies nicht die Schule der guten Sitten, aber dafür eine des Witzes und der guten Komödie.

Ein Ritter Vanbrugh[6] hat noch lustigere Komödien geschrieben, aber weniger einfallsreich. Dieser Ritter war ein Mann des Vergnügens, darüber hinaus Dichter und Architekt; man behauptet, er habe geschrieben, wie er baute, nämlich ein bißchen grob. Er hat das berühmte Schloß von Blenheim gebaut, gewichtiges und dauerhaftes Denkmal unserer unseligen Schlacht bei Höchstädt[7]. Wenn die Zimmer bloß so weit wären wie die Mauern dick, dann wäre das Schloß schon ganz praktisch.

In seine Grabschrift setzte man, daß »man wünsche, die Erde werde ihm nicht leicht – mit Rücksicht darauf, daß er sie zu Lebzeiten so unmenschlich belastet habe«.

Als der Ritter vor dem Krieg von 1701[7] eine Tour durch Frankreich gemacht hatte, wurde er in die Bastille gesteckt und blieb dort einige Zeit, ohne jemals erfahren zu können, was ihm diese Auszeichnung seitens unserer Regierung eingebracht hatte. Er schrieb eine Komödie in der Bastille; und es findet sich darin, was mich sehr erstaunt hat, keine Spitze gegen das Land, in dem er dieser Gewalt ausgesetzt war.

Derjenige, der den Ruhm des komischen Theaters am weitesten getragen hat von allen Engländern, ist weiland Herr Congreve[8]. Er hat nur wenige Stücke geschrieben, aber alle sind hervorragend in ihrer Art. Die Regeln des Theaters sind hier streng beachtet; sie sind voll mit äußerster Feinheit abgestimmter Charaktere; man ist nicht dem geringsten schlechten Witz ausgesetzt; überall sehen Sie die

Sprache der Edelleute in Verbindung mit Übeltätern: was beweist, daß er seine Welt gut kannte und daß er in – wie man das so nennt – guter Gesellschaft lebte. Er war gebrechlich und dem Sterben nahe, als ich ihn kennenlernte; einen Fehler hatte er, er schätzte sein erstes Handwerk, das Schreiben, nicht genug, das ihm Ansehen und Vermögen eingebracht hatte. Er sprach mir gegenüber von seinen Werken wie von unter seiner Würde stehenden Kleinigkeiten und sagte mir in der ersten Unterhaltung, es nur vom Standpunkt eines Edelmannes zu sehen, der sehr regelmäßig gelebt hat; ich antwortete ihm, daß, wenn er das Pech gehabt hätte, bloß ein Edelmann unter anderen zu sein, ich nie gekommen wäre, ihn zu sehen, und ich war sehr erschrocken über diese so schlecht angebrachte Selbstgefälligkeit.

Seine Stücke sind die geistvollsten und die präzisesten, die Vanbrughs die fröhlichsten und die Wycherleys die stärksten.

Festzustellen ist, daß keiner dieser schönen Geister schlecht von Molière gesprochen hat. Es gibt nur schlechte englische Autoren, die schlecht von diesem großen Manne gesprochen hätten. Es sind die schlechten Musiker Italiens, die Lully[9] mißachteten, ein Buononcini[10] aber schätzt ihn und läßt ihm Gerechtigkeit widerfahren, genauso wie ein Mead[11] einen Helvétius[12] und einen Silva[13] hochhält.

England hat noch weitere gute komische Poeten, wie Ritter Steele[14] und Herrn Cibber[15], ein hervorragender Schauspieler und im übrigen Dichter des Königs, ein Titel, der etwas lachhaft erscheint, aber nicht ausschließt, tausend Taler Rente und schöne Privilegien zu beinhalten. Unser großer Corneille[16] hatte nicht so viel.

Bitten Sie mich nicht, am Ende noch ins kleinste Detail zu gehen bei diesen englischen Stücken, von denen ich ein so großer Anhänger bin, noch, daß ich Ihnen ein Bonmot oder einen Spaß der Wycherleys und Congreves wiedergebe. Man lacht nicht bei Übersetzungen. Wenn Sie die englische Komödie kennenlernen wollen, gibt es dafür kein anderes Mittel, als nach London zu fahren, da drei Jahre zu bleiben, gut Englisch zu lernen und täglich ins Theater zu gehen. Es macht mir keinen großen Spaß, Plautus[17] und Aristophanes[18] zu lesen: Warum? Weil ich weder Grieche noch Römer bin. Die Feinheit guter Sprüche, die Anspielungen und das, was anliegt, all das entgeht einem Fremden.

Dem ist nicht so in der Tragödie; in ihr sind nur große Leidenschaften und heldenhafte Dummheiten gefragt, die von alten Irrtümern in Fabel und Geschichte geweiht sind. An *Oedipos, Elektra* nehmen die Spanier, die Engländer und wir Anteil wie die Griechen. Aber die gute Komödie ist das sprechende Abbild der Lächerlichkeiten eines Volkes, und wenn Sie ein Volk nicht von Grund auf kennen, können Sie das Abbild kaum beurteilen.

1 Béat-Louis de Muralt (1665–1749), Schweizer Schriftsteller und Moralist. Seine *Lettres sur les Anglais et les Français* sind eines der ersten Bücher, die England in Frankreich bekannt machten.

2 Thomas Shadwell (1640–1692), englischer Komödiendichter.

3 William Wycherley (1640–1715), Schützling Buckinghams. Seine vier Komödien wurden 1712 veröffentlicht, von denen Voltaire *The Plain Dealer* in *La Prude* imitierte.

4 Charles II. vgl. Brief III.

5 Molière, d. i. Jean Baptiste Poquelin (1622–1673), bis heute überragender französischer Komödiendichter.

6 Sir John Vanbrugh (1664–1726), englischer Lustspieldichter und Architekt. Übersetzte oder imitierte Boursault, Le Sage, Molière, Dancourt.

7 Bei Höchstädt an der Donau siegten im Spanischen Erbfolgekrieg (1701–1713)

1703 die Bayern und Franzosen über die Kaiserlichen, 1704 Marlborough und Prinz Eugen über Franzosen und Bayern.

8 William Congreve (1670–1729). Seine erste, mit 23 Jahren geschriebene Komödie *The Old Bachelour* war ein beachtlicher Erfolg. Im Alter von 30 Jahren zog er sich mit einer üppigen Pension zurück.

9 Jean-Baptiste Lully (1633–1687), italienischer Komponist am Hofe Louis' XIV.; zeitweiliger Mitarbeiter Molières.

10 Giovanni-Battista Buononcini (1670–1750), italienischer Komponist.

11 Richard Mead (1673–1754), englischer Arzt, befürwortete die Erklärung der in der Bibel erwähnten Krankheiten mit natürlichen Ursachen und behauptete, die Besessenen in der Bibel seien Epileptiker oder Irre.

12 Jean-Claude-Adrien Helvétius (1685–1755), Vater des Philosophen; Arzt Louis' XIV., Louis' XV. und Maria Leczinskas.

13 Jean-Baptiste Silva (1682–1742), beratender Arzt Louis' XIV., Arzt Voltaires.

14 Richard Steele (1672–1729), schrieb u. a. sentimentale Komödien.

15 Colley Cibber (1671–1757), Schauspieler, Theaterdirektor, Dramatiker.

16 Corneille vgl. Brief XVIII.

17 Titus Maccius Plautus (ca. 250–184 v. Chr.), römischer Komödiendichter.

18 Aristophanes (ca. 445–ca. 385 v. Chr.), griechischer satirischer Komödiendichter.

Zwanzigster Brief

Über die Herren, die die Literatur pflegen

Es hat in Frankreich eine Zeit gegeben, zu der die Ersten des Staates die schönen Künste pflegten. Die Höflinge vor allem mischten sich ein, trotz Zerfahrenheit, Ungeschmack, Leidenschaft für die Intrige und aller Göttlichkeiten des Landes.

Mir scheint, daß man im Moment bei Hofe auf einen ganz anderen Geschmack gekommen ist als den der Belletristik. Vielleicht kommt in Bälde wieder die Mode des Denkens auf: Ein König hat es nur zu wollen; man macht mit diesem Volk hier, was man will. In England denkt man im allgemeinen, und die Belletristik steht mehr in Ehren als in Frankreich. Dieser Vorzug ist eine notwendige Folge ihrer Regierungsform. In London gibt es ungefähr 800 Personen, die öffentlich reden und die Interessen des Volkes vertreten dürfen; an die fünf- oder sechstausend beanspruchen ihrerseits dieselbe Ehre; der ganze Rest erhebt sich als Richter über sie, und jeder kann drucken lassen, was er über die öffentlichen Angelegenheiten denkt. So besteht für das ganze Volk ein Bildungsbedarf. Man hört nur von den Regierungen in Athen und Rom sprechen; man muß schon, trotz allem, die Autoren lesen, die das behandelt haben; dieses Studium führt natürlich zur Belletristik. Im allgemeinen haben die Menschen den

Geist ihres Standes. Wieso haben unsere Richter, Rechtsanwälte, Ärzte und viele der Kleriker normalerweise mehr Bildung, Geschmack und Geist, als man in allen anderen Berufen findet? Weil Bildung zu ihrem Stand gehört, so wie zu dem eines Händlers die Kenntnis seiner Ware. Es ist noch gar nicht lange her, daß ein sehr junger Herr aus England mich auf dem Rückweg von Italien in Paris besuchen kam; er hatte in Versen eine Beschreibung dieses Landes verfaßt, die genauso höflich geschrieben war wie alles, was der Graf von Rochester[1] und unsere Chaulieu[2], Sarasin[3] und Chapelle[4] gemacht haben.

Die Übersetzung, die ich davon angefertigt habe, ist so weit davon entfernt, an die Kraft und den gesunden Witz der Vorlage heranzureichen, daß ich gezwungen bin, den Autor sowie die, die Englisch verstehen, ernsthaft um Pardon dafür zu bitten; da ich indessen kein anderes Mittel habe, die Verse des Lord … bekanntzumachen, sage ich sie hier in meiner Sprache:

Was gab's in Italien zu meiner Zeit?
Hochmut, Arglist und Armut,
große Komplimente und wenig Güte,
und viel zuviel Feierlichkeit;
die extravagante Komödie,
die die Inquisition* oft
Glauben genannt haben will,
die wir aber Wahnsinn nennen.
Die Natur, vergeblich wohltuend,
will diese bezaubernden Orte bereichern;
doch die verheerende Hand der Priester

erstickt ihre schönsten Gaben.
Die Monsignori, die sich so großartig finden,
sind allein in ihren schönen Palästen,
und dort bloß illustre Tagediebe
ohne Geld und Domestiken.
Für die Kleinen, die ohne Freiheit
und Märtyrer des herrschenden Jochs sind,
schwuren sie feierlich Armut,
sie bitten zu Gott vor Langeweile
und fasten aus Mangel an Nahrung.
Diese schönen Orte, vom Papst benedeit
und von Teufeln bewohnt,
und die elenden Einwohner
sind im Paradies verdammt.

Vielleicht wird man sagen, dies seien die Verse eines Ketzers; aber man übersetzt täglich und sogar reichlich schlecht, die des Horaz[5] und des Juvenal[6], die das Pech hatten, Heiden zu sein. Sie wissen wohl, daß ein Übersetzer nicht auf die Gefühle seines Autors eingehen darf; alles, was er tun kann, ist, Gott um seine Konversion zu bitten, und dies für die meines Lords zu tun, habe ich nicht unterlassen.

* Er meint sicherlich die Farcen, die gewisse Prediger auf den öffentlichen Plätzen spielen. (Anm. Voltaires)

1 John Wilmont, zweiter Earl of Rochester (1647–1680), englischer Dichter, verfaßte leichte, elegante, z. T. obszöne und frivole Liebeslyrik sowie realistisch-satirische Gedichte über seine Enttäuschung vom Leben.
2 Guillaume Amfrye Abbé de Chaulieu (1639–1720), Autor leichter Poesie.
3 Jean-François Sarasin (1603–1654), französischer Dichter und Historiker.

4 Claude-Emmanuel Luillier, genannt Chapelle (1626–1686), französischer Dichter, Freund Boileaus und Racines. Nach Ansicht von Sainte-Beuve ein »zu häufig betrunkener Faulpelz«.

5 Flaccus Quintus Horaz (65–8 v. Chr.), römischer Lyriker.

6 Decimus Junius Juvenal (zwischen 50 und 70–nach 127 n. Chr.), römischer Satiriker.

Einundzwanzigster Brief

Über den Grafen von Rochester und Herrn Waller

Alle Welt kennt den Ruf des Grafen von Rochester[1]. Monsieur de Saint-Evremond[2] hat viel von ihm gesprochen; aber er hat uns vom berühmten Rochester bloß den Mann des Vergnügens vorgestellt; ich würde gerne den Mann von Geist und den Dichter in ihm bekannt machen. Neben anderen Werken, die von dieser feurigen Vorstellungskraft glänzen, die sich allein bei ihm findet, hat er eigene Satiren verfaßt über dieselben Themen, die unser berühmter Despréaux[3] gewählt hat. Zur Vervollkommnung des Geschmacks kenne ich nichts Nützlicheres als den Vergleich der großen Genies, die sich in derselben Materie geübt haben. Hier, wie Despréaux gegen die menschliche Vernunft spricht in seiner Satire auf den Menschen:

> Indessen ihn zu sehen voll nebeligen Denkens,
> sich selber wiegend im eigenen Wähnen,
> er allein sei Grund und Stütze der Natur
> und der zehnte Himmel drehe allein sich um ihn.
> Hier ist er aller Tiere Meister;
> wer könnt's verneinen, führst du an? Ich, vielleicht;
> Der angebliche Herr, der ihnen die Gesetze gibt,
> dieser König der Tiere, wie viele davon gibt es?

Und hier ungefähr, wie sich Graf Rochester ausdrückt in seiner Satire auf den Menschen; aber es ist erforderlich, daß der Leser sich daran erinnert, daß es sich hier um freie Übersetzungen englischer Dichter handelt und daß die Last unserer Versifikation und die heiklen Regeln unserer Sprache kein Äquivalent der ungestümen Freiheit des englischen Stils geben können:

> Dieser Geist, den ich hasse, dieser Geist voller Irrtum,
> dies ist nicht meine Vernunft, es ist die deine, Doktor;
> es ist dein frivoler, unruhiger und hochfahrender Verstand,
> der verachtende Rival der Tiere, der glaubt,
> in der Mitte zu stehen zwischen Engeln und ihnen,
> und meint, hier unten das Bild Gottes zu sein,
> häßliches, lästiges Atom, das glaubt, zweifelt, streitet,
> kriecht, sich erhebt, fällt und seinen Fall noch leugnet;
> das uns sagt: »Ich bin frei«, und seine Ketten zeigt,
> und dessen wirrer und falscher Blick die Welt zu
> durchdringen meint,
> wohlan! ihr hochehrwürdigen Narren und seligen Fanatiker!
> sammelt nur den Wust eurer scholastischen Nichtigkeiten!
> Väter von Visionen und heiligen Rätseln,
> Urheber des Wirrwarrs, durch das ihr irrt,
> geht im Verborgnen eure Mysterien klären,
> und lauft in die Schule euren Wahnbildern nach!
> Es sind andere Irrtümer: es sind diese Devoten
> in ihrer selbstgewählten Langeweile der Untätigkeit.
> Dieser eingeklosterte Mystiker, stolz seiner Trägheit,
> in Ruhe bei Gott, was kann er da tun? Er denkt.
> Nein, du denkst nicht, du elender Schuft, du schläfst,

unnütz der Erde und im Zustand der Toten;
dein schwacher Geist verkommt in der Weichheit;
erwache, sei Mann, und verlasse den Rausch.
Zum Handeln ist der Mensch geboren, und du willst denken!

Seien diese Ideen wahr oder falsch, sicher ist zumindest, daß sie mit der Energie des Dichters zum Ausdruck gebracht werden.

Ich werde mich hüten, die Sache philosophisch zu untersuchen und hier den Pinsel mit dem Kompaß vertauschen. Mein einziges Ziel in diesem Briefe ist, die Begabung der englischen Dichter bekannt zu machen, und ich werde in dieser Art fortfahren.

Man hat in Frankreich viel reden hören vom berühmten Waller[4]. Die Herren La Fontaine[5], Saint-Evremond und Bayle[6] haben Lobreden auf ihn gehalten, aber man kennt von ihm bloß seinen Namen. In London hatte er ungefähr denselben Ruf wie Voiture[7] in Paris, und ich glaube, daß er ihn besser verdient hat. Voiture kam zu einer Zeit, zu der man gerade die Barbarei hinter sich ließ und noch im Unwissen war. Man wollte Witz haben und hatte ihn noch nicht. An Stelle von Gedanken suchte man Formulierungen: falsche Brillanten finden sich leichter als Edelsteine. Voiture, frivolen und leichten Geistes, war der erste, der bei diesem Anfang der französischen Literatur glänzte; er kam nach den großen Männern, die das Jahrhundert Louis' XIV.[8] geschmückt haben, entweder wäre er unbekannt geblieben, oder man hätte nur von ihm gesprochen, um ihn abzuwerten, oder er hätte seinen Stil geändert. Despréaux lobt ihn, jedoch nur in seinen ersten Satiren, zu einer Zeit also, da Despréaux' Geschmack noch nicht ausgebildet war: Er war jung und in einem Alter, in dem man Leute noch nach ihrem Ruf und nicht sie selber beurteilt. Im übrigen war Despréaux oft ziemlich ungerecht in seinem Lob und in seinen Zensuren. Er lobte Segrais[9], den niemand liebt, er beschimpfte Quinault[10], den man auswendig kennt; er sagte nichts von La Fontaine. Waller, besser als Voiture, war noch unvollkommen; seine galanten Werke lassen den guten Willen erkennen; aber Nachlässigkeit läßt sie langweilig werden, und oft werden sie von falschen Gedanken entstellt. Zu seiner Zeit waren die Engländer noch nicht soweit, korrekt zu schreiben. Seine ernsthaften Arbeiten sind voll von eigener Kraft, die man bei der Weichheit seiner anderen Stücke nicht erwartet haben würde. Er hat einen Nachruf auf Cromwell[11] verfaßt, der mit all seinen Fehlern als Meisterwerk gilt. Um diese Arbeit richtig zu verstehen, muß man wissen, daß Cromwell am Tage eines ungewöhnlichen Unwetters starb.

Das Stück beginnt so:

Er ist tot; das ist vorbei; schicken wir uns darein:
der Himmel zeigte diesen Tag mit Unwetter an,
und die Stimme des Donners, krachend über unseren
  Köpfen,
hat seinen Tod soeben verkündet.
Mit seinen letzten Seufzern erschüttert er unsere Insel,
diese Insel, die sein Arm so häufig zittern machte,
als er im Verlauf seiner Tage
der Könige Köpfe zerbrach
und ein nur seinem Joch folgsames Volk beherrschte,

Meer, du bist drüber unruhig geworden. Deine bewegten
Fluten
scheinen im Donner an fernsten Küsten zu künden
vom Tode des Schmucks der Erde und deines Meisters.
So stieg gen Himmel einst Romulus
so verließ er die Erde mitten im Sturm,
so wie ein Volkskämpfer errang er sich Ehre,
gefolgt im Leben, bewundert im Scheiden,
sein Palast war ein Tempel usw.

Waller meint diese Lobrede in seiner Antwort an Charles II.[12], die man im Wörterbuch Bayles findet. Der König warf Waller vor, der ihm gerade nach Brauch der Könige und Dichter ein mit Lob gespicktes Stück vorgelegt hatte, es für Cromwell besser gemacht zu haben. Waller darauf: »Herr, uns Dichtern, uns gelingen die Schöpfungen eher als die Wahrheiten.« Diese Antwort war nicht so aufrichtig wie die des holländischen Botschafters; der antwortete nämlich, als derselbe König sich beklagte, man achte ihn weniger als Cromwell: »Ah! Herr, dieser Cromwell war auch ganz was anderes.«

Es ist nicht mein Ziel, den Charakter Wallers oder irgend jemandes zu kommentieren; nach ihrem Tode schätze ich Leute nur nach ihren Werken ein; der Rest ist für mich nicht existent; ich stelle bloß fest, daß Waller, geboren am Hof, bei 60 000 Livres Rente nie den dummen Stolz noch die Nachlässigkeit hatte, sein Talent brachliegen zu lassen. Die Grafen von Dorset[13] und Roscommon[14], die beiden Herzöge von Buckingham[15], Lord Halifax[16] und so viele andere glaubten nicht, sich etwas zu vergeben, als sie große Dichter und berühmte Schriftsteller wurden. Ihre Werke machen ihnen mehr Ehre als ihre Namen. Sie pflegten die Literatur, als erwarteten sie von dort ihr Glück; sie haben darüber hinaus die Künste zu Ansehen gebracht beim Volk, das im Ganzen der Führung durch die Großen bedarf und das sich dennoch in England weniger nach ihnen richtet als an irgendeinem anderen Ort der Welt.

1 Rochester = Wilmont vgl. Brief XX.
2 Charles de Marguetal de Saint-Denis, Seigneur de Saint-Evremond (1610–1703), französischer Essayist und Satiriker, Skeptiker und Epikur verbundener Freigeist. Geht wegen einer Parodie auf Mazarin 1661 nach Holland und anschließend nach England ins Exil, wo er am Hof Charles' II. lebte.
3 Despréaux = Boileau vgl. Brief XIII.
4 Edmund Waller (1606–1687), einer der beliebtesten Hofdichter unter Charles I., der das Kavaliersideal seiner Zeit verkörperte.
5 Jean de La Fontaine (1621–1695), französischer Dichter, vor allem bekannt durch seine Fabeln, bei den Zeitgenossen als Epiker und Verskünstler vom Rang Racines beliebt.
6 Bayle vgl. Brief XIII.
7 Vincent Voiture (1598–1648), französischer Schriftsteller, galanter preziöser Dichter. Preziosität: Literarische Mode im Frankreich des beginnenden 17. Jahrhunderts, Teil der Salonkultur im Gegensatz zum angeblich ungebildeten und kulturlosen Leben am Hof. Gegen Verrohung der Sprache, für Verfeinerung der Sitten. Die zunehmende Bedeutung von Bildung und Künsten am Hof machte diese Opposition um die Jahrhundertmitte gegenstandslos und ließ die Überteibungen der Preziösen lächerlich erscheinen.
8 Louis XIV. vgl. Brief VIII.
9 Jean Regnault de Segrais (1624–1701), 1662 Mitglied der Académie Française, Verfasser leichter, geistreicher Dichtungen.
10 Philippe Quinault (1635–1688), schrieb Libretti für Lully.
11 Cromwell vgl. Brief III.
12 Charles II. vgl. Brief III.
13 Dorset: Thomas (1536–1606) und Charles (1637–1705) Sackville, Grafen von Dorset, englische Dichter.
14 Wentworth Dillon Earl von Roscommon (1633–1685), übersetzte die *Dichtkunst* des Horaz in Blankverse.
15 George Villiers I. Herzog von Buckingham (1592–1628) und George Villiers II. Herzog von Buckingham (1628–1687). Englische Staatsmänner.
16 Charles Montaigue, Earl von Halifax (1656–1742), Astronom, schrieb vor allem über Kometen.

Zweiundzwanzigster Brief

Über Herrn Pope und ein paar andere bekannte Dichter

Ich wollte Ihnen von Herrn Prior[1] erzählen, einem der schätzenswertesten Dichter Englands, den Sie 1712 in Paris als Bevollmächtigten und außerordentlichen Gesandten gesehen haben. Ich hatte auch vor, Ihnen eine Vorstellung zu vermitteln von den Dichtungen Lord Roscommons[2], Lord Dorsets[3] usw., aber ich merke, daß ich dazu ein dickes Buch schreiben müßte und daß ich Ihnen nach allerhand Mühe bloß ein arg unvollständiges Bild von all diesen Werken vermitteln würde. Die Dichtung ist eine Art Musik: Man muß sie hören, um sie beurteilen zu können. Wenn ich Ihnen einige Abschnitte dieser fremdsprachigen Dichtungen übersetze, notiere ich Ihnen zwar ungenügend die dazugehörige Musik, aber das Wesen ihres Gesanges kann ich nicht ausdrücken.

Es gibt da vor allem ein englisches Gedicht, das Ihnen bekannt zu machen ich die Hoffnung aufgeben würde; es heißt Hudibras[4]. Das Thema ist der Bürgerkrieg und die ins Lachhafte gezogene Sekte der Puritaner. Das ist Don Quichote[5] und unsere Menippeische Satire[6] in einem; das ist von allen Büchern, die ich jemals gelesen habe, das, wo ich den meisten Witz gefunden habe; aber im gleichen Maße ist es am wenigsten übersetzbar. Wer glaubte, ein

Buch, das alle Lächerlichkeiten der Menschheit aufgreift und mehr Gedanken als Worte hat, könne keine Übersetzung vertragen? Es liegt daran, daß dort alles auf einzelne Ereignisse anspielt: Die größte Lächerlichkeit trifft die Theologen, was nur wenige verstehen; es bedürfte ständig eines Kommentars, und der erklärte Witz hört auf, Witz zu sein: jeder Kommentator feiner Sprüche ist ein Dummkopf.

Daher auch wird man die Bücher des scharfsinnigen Doktor Swift[7], den man den Rabelais[8] Englands nennt, nie so recht in Frankreich verstehen. Er hatte das Verdienst, Priester zu sein wie Rabelais und sich über alles lustig zu machen wie dieser; aber man tut ihm meiner unmaßgeblichen Meinung nach großes Unrecht, ihn so zu nennen. Rabelais strahlt in seinem extravaganten und unverständlichen Buch eine äußerste Fröhlichkeit und sehr großen Vorwitz aus; er hat mit Gelehrsamkeit, Unrat und Langeweile Verschwendung getrieben; eine gute Erzählung von zwei Seiten wird mit bändeweisen Dummheiten bezahlt. Es gibt nur ein paar Leute mit verschrobenem Geschmack, die sich schmeicheln, das ganze Werk zu verstehen und zu schätzen; der Rest des Volks lacht über Rabelais' Witze und läßt sein Buch links liegen. Man sieht ihn als den ersten Possenreißer an; man ärgert sich, daß ein Mann mit soviel Geist so schlechten Gebrauch davon gemacht hat; das ist ein trunkener Philosoph, der nur im Rausch geschrieben hat.

Swift ist Rabelais im guten Sinne und in guter Gesellschaft; er hat, was wahr ist, nicht die Fröhlichkeit des ersteren, aber alle Freiheit, Vernunft, Gewähltheit und guten

Geschmack, die unserem Pfarrer aus Meudon fehlten. Seine Verse sind von einzigartigem Geschmack und fast unnachahmlich; der gute Witz hat in Vers und Prosa seinen Anteil; um ihn aber richtig zu verstehen, muß man eine kleine Reise in sein Land tun.

Sie können sich leichter einen Eindruck von Pope verschaffen; er ist, glaube ich, der eleganteste, korrekteste und, was schon viel ist, der harmonischste Dichter, den England gehabt hat. Er hat die grellen Stöße der englischen Trompete in weiche Flötentöne umgewandelt; man kann ihn übersetzen, weil er äußerst klar ist und seine Themen zumeist allgemein sind und alle Völker betreffen.

In Frankreich wird man bald seinen Versuch über die Kritik[10] kennenlernen in der Übersetzung in Versen des Abt du Resnel. Hier ein Abschnitt aus seinem Gedicht *Der Lockenraub*, das ich mit meiner üblichen Freiheit übersetzt habe; denn, noch einmal, ich kenne nichts Schlimmeres, als einen Dichter Wort für Wort zu übersetzen.

Augenblicklich geht Umbriel, der griesgrämige Gnom,
mit gewichtigem Flügel und mißlicher Miene,
murrend suchen die tiefe Gruft,
wo, weit von den weichen Strahlen des Auges der Welt
die Göttin in Dämpfen ihr Lager gewählt.
Die tristen Nordwinde pfeifen daher,
und der krankhafte Hauch ihres trockenen Atems
trägt Fieber und Kopfschmerz in das Gefilde.
Auf einem reichen Sofa, hinter einer spanischen Wand,
weit von den Fackeln, vom Lärm, den Sprechenden und vom
Wind

ruht ununterbrochen die launige Göttin,
das Herz schwer vor Kummer, ohne zu wissen, warum,
ohne jemals gedacht zu haben, mit in ständiger Wirrheit befangenem Geiste,
mit beladenem Blick, von bleicher Haut und geschwollener Weiche.
Der überredende Neid sitzt dicht bei ihr,
das alte Weibergespenst, die verfallene Jungfrau,
die mit devoter Miene den Nächsten zerreißt
und mit der Bibel unterm Arm die Leute bespöttelt.
Auf ein Bett lässig geneigter Blumen
ist nicht weit von ihr eine junge Schönheit gelagert:
Das ist die Geziertheit, die mitschwingt beim Reden,
hört ohne Verstehen und mustert beim Blicken,
die schamlos errötet und freudlos lacht,
die vorgibt, von hundert verschiedenen Übeln das Opfer zu sein,
und, voller Gesundheit unter Schminke und Rouge,
sich weichlich beklagt und gekonnt nicht mehr kann.

Wenn Sie diesen Abschnitt im Original läsen, statt in dieser schwachen Übersetzung, würden Sie es mit der Beschreibung der Weichheit in *Le Lutrin*[11] vergleichen.

Das war's also ganz aufrichtig über die englischen Dichter. Ich habe ein paar Worte über die Philosophen verloren. Was die guten Geschichtler angeht: Ich kenne sie noch nicht; es war nötig, daß ein Franzose ihre Geschichte schrieb. Vielleicht hat sich der englische Geist, der entweder kalt oder ungestüm ist, noch nicht die naive Beredsamkeit und feine und einfache Art der Geschichte zu eigen gemacht; vielleicht hat auch der Parteigeist, der den Blick trübt, alle ihre Geschichtsschreiber unglaubwürdig gemacht: Die eine Hälfte des Volkes ist stets Feind der anderen. Ich habe Leute getroffen, die mir versicherten, Lord Marlborough[12] sei ein Feigling und Pope ein Dummkopf, wie in Frankreich einige Jesuiten Pascal[13] für eine kleine Leuchte halten, und einige Jansenisten sagen, Pater Bourdaloue[14] sei bloß ein Schwätzer gewesen. Maria Stuart[15] ist eine heilige Heldin für die Anhänger Jacobs[16], für die anderen ist sie eine Schlampe, Ehebrecherin und Mörderin: So hat man in England Schmähschriften und keine Geschichtsbücher. Es gibt allerdings zur Zeit einen Herrn Gordon[17], ein hervorragender Übersetzer des Tacitus[18] und fähig, die Geschichte seines Landes zu schreiben, doch ist ihm Rapin de Thoyras[19] zuvorgekommen. Kurz, es scheint mir, daß die Engländer keine so guten Historiker haben wie wir, daß sie keine rechten Tragödien haben, aber charmante Komödien, bewundernswerte Passagen in der Poesie, und Philosophen, die die Erzieher der Menschheit sein sollten.

Die Engländer haben viel Nutzen gezogen aus Werken unserer Sprache; wir sollten unsererseits von ihnen nehmen, nachdem wir ihnen geliehen haben; wir, die Engländer und wir, sind erst nach den Italienern gekommen, die in allem unsere Meister waren und die wir in mancherlei überflügelt haben. Ich weiß nicht, welchem der drei Völker man den Vorzug geben soll; glücklich aber der, der ihre unterschiedlichen Verdienste zu spüren versteht!

1 Matthew Prior (1664–1721), witzig eleganter Dichter.
2 Roscommon vgl. Brief XXI.
3 Dorset vgl. Brief XXI.

4 Komisches Epos von Samuel Butler (1612–1680), englischer Verssatiriker, gegen die Puritaner.

5 Roman von Miguel de Cervantes (1605)

6 Menippeische Satire, nach ihrem Begründer Menippos von Gadara (3. Jh. v. Chr.), von Quintilian als Sonderform anerkannte Satire allgemein menschlicher Schwächen und Torheiten ohne persönlichen Bezug. In Frankreich als *Satire Ménippée* fortlebend, Mischform von Vers und Prosa.

7 Jonathan Swift (1667–1745) lernte Voltaire während seines Aufenthalts in England bei Lord Peterborough kennen.

8 Rabelais vgl. Brief v.

9 Alexander Pope (1688–1744), englischer Dichter. Schrieb u. a. *The Rape of the Locke* dt.: *Der Lockenraub*, komisches Heldenepos (1712); übersetzte Homers *Ilias* (1715–1720) und *Odyssee* (1725) als Rokokoparaphrase.

10 Literarisches Lehrgedicht unter dem Titel *Abhandlung über die Kritik* von A. Pope (1711).

11 *Das Chorpult*, heroisch-komisches Epos in sechs Gesängen von Boileau, erschienen 1674–1683.

12 Marlborough vgl. Brief XII.

13 Pascal siehe unten Brief XXV.

14 Louis Bourdaloue (1632–1704), Jesuit und Prediger.

15 Maria Stuart (1542–1587), katholische Königin von Schottland, hingerichtet wegen des Verdachts auf Mitwisserschaft am Attentat gegen Königin Elisabeth.

16 Jacob I. vgl. Brief XII.

17 Thomas Gordon (1664–1750), englischer Übersetzer und Publizist.

18 P. Cornelius Tacitus (ca. 55–120 n. Chr.), römischer Geschichtsschreiber.

15 Paul de Rapin-Thoyras (1661–1725), protestantischer Advokat, Historiker. Schrieb *Geschichte Englands* (1724, 1749).

Dreiundzwanzigster Brief

Über die Achtung, die wir den Schriftstellern schulden

Weder in England noch in einem anderen Land der Erde findet man so wie in Frankreich Stiftungen zugunsten der schönen Künste. Fast überall gibt es Universitäten; aber allein in Frankreich findet man diese zweckmäßige Förderung der Astronomie, aller Gebiete der Mathematik, der Medizin, der Altertumsforschung; Louis XIV.[1] hat sich verewigt mit all diesen Gründungen, und diese Unsterblichkeit hat ihn nicht einmal 200 000 Francs im Jahr gekostet.

Ich gebe zu, es erstaunt mich, daß das englische Parlament, das es sich hat einfallen lassen, demjenigen 20 000 Guineen zu versprechen, der die unmögliche Entdeckung der Längengrade mache, nie daran gedacht hat, Louis XIV. in seiner Großartigkeit bei den Künsten nachzueifern.

In Wahrheit findet der Verdienst in England anderen, dem Lande ehrenvolleren Lohn. So bewirkt der Respekt des Volkes vor den Begabten, daß ein verdienstvoller Mann dort immer zu Reichtum gelangt. Addison[2] wäre in Frankreich in irgendeiner Akademie gewesen und hätte mit Hilfe einer Frau eine Rente von 1200 Livres erhalten können, oder vielmehr hätte man ihm Schwierigkeiten gemacht unter dem Vorwand, man habe in seiner Tragödie *Caton* spitze Bemerkungen über den Portier eines Anwesenden wahrgenommen; in England war er Staatssekretär. Newton[3] war Verwalter des Münzamtes, Congreve[4] hatte ein wichtiges Amt, Prior[5] war Gesandter. Doktor Swift[6] ist Dekan von Irland und hat dort viel größeres Ansehen als der Primas. Wenn Popes[7] Bekenntnis[8] ihm nicht erlaubt, ein Amt innezuhaben, so verhindert es doch nicht, daß ihm seine Homer-Übersetzung 200 000 Francs eingebracht hat. Ich habe den Autor von *Rhadamiste*[9] lange Zeit nahe am Verhungern gesehen, und der Sohn eines der größten Männer[10], die Frankreich je hatte, und der in die Fußstapfen seines Vaters zu treten begann, wäre ohne Fagon[11] ins Elend gesunken. Was die Künste in England am meisten bestärkt, ist das Ansehen, in dem sie stehen: Das Bild des Premierministers hängt über dem Kamin seines Arbeitszimmers; aber das von Pope habe ich in zwanzig Häusern gesehen.

Newton wurde zu Lebzeiten geehrt, und er war es nach seinem Tode, wie es sein sollte. Die Ersten des Landes haben sich um die Ehre gestritten, das Bahrtuch in seinem Leichenzug zu tragen. Sehen Sie sich Westminster an. Man bewundert dort nicht die Gräber der Könige, sondern die Denkmale, die die Nation in Anerkennung den Größten errichtet hat, die zu ihrem Ruhm beigetragen haben. Sie sehen dort ihre Statuen, wie man in Athen die von Sophokles[12] und Plato[13] sah; und ich bin überzeugt, daß allein der Anblick jener ruhmreichen Denkmäler mehr als einen Geist angeregt und mehr als einen großen Mann geformt hat.

Man hat den Engländern sogar vorgeworfen, zu weit gegangen zu sein mit den Ehren, die sie einfachem Verdienst zukommen lassen; man hatte etwas daran auszusetzen, daß sie die berühmte Schauspielerin Oldfield[14] mit fast denselben Ehren in Westminster beigesetzt haben, wie sie Newton zugekommen waren. Manche haben behauptet, sie hätten das Andenken dieser Schauspielerin absichtlich so geehrt, um uns um so mehr das barbarische und feige Unrecht spüren zu lassen, den Leichnam der Lecouvreur[15] auf den Schindanger geworfen zu haben, was sie uns vorwerfen.

Aber ich kann versichern, daß sich die Engländer beim Begräbnis Fräulein Oldfields, die sie in ihrem Saint-Denis beerdigt haben, nach nichts als ihrem Geschmack gerichtet haben; sie sind weit entfernt, der Kunst Sophokles' und Euripides'[16] Nichtswürdigkeit zu unterstellen und aus ihrer Bürgerschaft jene auszustoßen, die sich dem Vortrag jener Werke gewidmet haben, deren ihr Volk sich rühmt.

Zur Zeit Charles' I.[17] und zu Beginn dieser von fanatischen Rigoristen begonnenen Bürgerkriege, die zuletzt selber die Opfer waren, schrieb man viel gegen die Schauspielerei, um so mehr, weil Charles I. und seine Frau, Tochter unseres Heinrich des Großen[18], sie außerordentlich schätzten. Ein Doktor namens Prynne[19], über alle Maßen sorgfältig, der sich unter einer Soutane anstelle des Gehrocks wie ein Verdammter gefühlt hätte, und der gewollt hätte, daß die Hälfte der Menschheit die andere massakriert zum Lobe Gottes und für die *propaganda fide*[20], hat ein sehr schlechtes Buch gegen recht gute Komödien ausgeheckt, wie man sie alle Tage sehr harmlos vor König und Königin spielte. Er führte die Autorität der Rabbiner an und zitierte ein paar Passagen des heiligen Bonaventura[21], um zu beweisen, daß der *Oedipus* des Sophokles ein Machwerk des Bösen sei und daß Terentius[22] *ipso facto* exkommuniziert sei; und er fügte hinzu, daß Brutus[23], der ein sehr strenger Jansenist gewesen sei, Cäsar[24] bestimmt nur deshalb ermordet habe, weil dieser als Hohepriester eine Tragödie *Oedipus* verfaßt habe; schließlich sagte er, alle, die einem Schauspiel beiwohnten, seien Gebannte, die Salbung und Taufe leugneten. Das war eine Beleidigung des Königs und der königlichen Familie. Die Engländer achteten damals Charles I.; sie wollten nicht dulden, daß man davon sprach, eben jenen Fürst zu bannen, den sie inzwischen haben köpfen lassen. Prynne wurde vor die Star Chamber[25] zitiert und verurteilt, sein sauberes Buch vom Henker verbrannt zu sehen und die Ohren abgeschnitten zu bekommen. Sein Prozeß läßt sich den amtlichen Protokollen entnehmen.

Man hütet sich in Italien sehr wohl, die Oper zu verurteilen und Signor Senesino oder Signora Cuzzoni[26] zu exkommunizieren. Was mich betrifft, so wage ich, den Wunsch zu hegen, man könnte in Frankreich ich weiß nicht welche schlechten Bücher verbieten, die man gegen unsere Schauspiele geschrieben hat; denn wenn die Italiener und Engländer erfahren, daß wir auf die gemeinste Art eine Kunst verurteilen, in der wir glänzen, daß man ein bei Klosterbrüdern und in Stiften gespieltes Stück als gottlos verdammt, daß man Spiele schmäht, in denen Louis XIV. und Louis XV.[27] Darsteller waren, daß man Stücke als Dämonenwerk bezeichnet, die von den strengsten Justizbeamten überprüft und vor einer tugendhaften Königin gespielt wurden; wenn, sage ich, Fremde von solcher Patzigkeit erfahren, diesem Mangel an Respekt vor der königlichen Autorität, diese gotische Barbarei, die man christliche Strenge zu nennen wagt, was wollen Sie, was die von unserem Lande denken? Und wie können sie es fassen, daß unsere Gesetze eine für so lästerlich erklärte Kunst zulassen, oder, daß man eine Kunst solcher Niedertracht zu zeihen wagt, die gesetzlich zugelassen ist, von den Landesvätern belohnt, von den Großen gepflegt und vom Volk geliebt wird, und daß man beim selben Buchhändler das Wortgepränge des Pater Le Brun[28] gegen die Schauspielerei findet und daneben die unsterblichen Werke von Racine[29], Corneille[30], Molière[31] etc.?

1 Louis XIV. vgl. Brief VIII.
2 Addison vgl. Brief XVIII.
3 Newton vgl. Brief VII.
4 Congreve vgl. Brief XIX.
5 Prior vgl. Brief XXII.
6 Swift vgl. Brief XXII.
7 Pope vgl. Brief XXII.
8 Popes Bekenntnis: vgl. Brief V: »Man kann keine Arbeit bekommen, weder in England noch in Irland, wenn man nicht zu den Anhängern der Anglikaner zählt.«
9 Prosper-Joylot de Crébillon (1684–1762), französischer Dramatiker, Verfasser der Tragödie *Rhadamiste et Zénobie* (1711). Einer der stärksten Konkurrenten Voltaires in dem Bestreben, die Nachfolge der großen Klassiker des vorhergegangenen Jahrhunderts anzutreten.
10 Louis Racine (1692–1763), Sohn von Jean Racine (vgl. Anm. 29).
11 Guy-Crescent Fagon (1638–1718), Leibarzt Louis' XIV.
12 Sophokles (497–406 v. Chr.), griechischer Tragiker.
13 Plato vgl. Brief VI.
14 Anne Oldfield (1683–1730), englische Schauspielerin.
15 Adrienne Lecouvreur (1693–1730), gefeierte Schauspielerin ihrer Zeit und eine Freundin Voltaires. Nach ihrem Tod wurde ihr Leichnam auf den Schindanger geworfen, weil der Klerus dem »fahrenden Volk« eine ordentliche Beisetzung verweigerte.
16 Euripides (480–406 v. Chr.), griechischer Dramatiker.
17 Charles I. vgl. Brief VIII.
18 Heinrich der Große vgl. Brief VIII.
19 William Prynne (1600–1669). Mit *Histrio-mastrix*, 1632 veröffentlicht, griff

Prynne die Schauspielerei im allgemeinen an und führte aus, daß Könige und Kaiser, die das Drama gefördert hatten, gewaltsamen Todes gestorben waren. Seine Beschimpfung der Schauspielerinnen wurde als Angriff auf die Königin gewertet, die in einem Ballett mitwirkte. Prynne sollte lebenslänglich eingekerkert werden, was aber ausgesetzt wurde; er wurde zu 5000 Pfund Strafe und zum Abschneiden der Ohren verurteilt (17. 2. 1637). 1637 wurde er wegen eines Angriffs auf die Bischöfe bestraft mit Abschleifen der Ohrstümpfe und Einbrennen der Buchstaben SL auf die Wangen, was *sideous libeller* (= Aufrührerischer Schreiber) heißt, von ihm aber *stigmata laudis* (= Zeichen [göttlichen] Lobes) genannt wurde.

Aus dem Gefängnis von Mont Orgueil auf Jersey vom Long Parliament 1640 befreit, wechselte er seine Parlamentariertätigkeiten mit Gefängnisaufenthalten, da er sich gegen die Exekution Charles' I. wandte und Steuern zu zahlen ablehnte.

20 congregatio de propaganda fide: 1622 in Rom von Gregor XV. gegründete Gesellschaft zur Verbreitung des Katholizismus und zur Ausrottung der Ketzerei. Oberste Behörde für Mission, Häretiker und Schismatiker.

21 Bonaventura (1221–1274), Scholastiker, seit 1257 General des Franziskanerordens. Hauptvertreter des Augustinismus im 12. Jahrhundert.

22 Publius Terentius Afer (ca. 190–157 v. Chr.), römischer Komödiendichter.

23 Marcus Junius Brutus (85–42 v. Chr.), römischer Politiker, Anführer der Verschwörung gegen Cäsar.

24 Cäsar vgl. Brief VIII.

25 Star Chamber: Hoher Gerichtshof in England, der sich in einem Raum traf, dessen Decke und Wände mit Sternen bedeckt waren. Henry VII. (vgl. Brief IX) machte ihn zu einem Instrument des Despotismus, wo ohne Recht auf Berufung und ohne Beratung gerichtet wurde. Unterdrückungsmittel unter Heinrich VIII., Elisabeth, Jacob I. und Charles I., wo diejenigen, die vom Herrscher genannt wurden, zu schweren Strafen oder zum Tode verurteilt wurden. 1641 vom Parlament abgeschafft.

26 Senesino und Cuzzoni: Schauspieler. Die Italienerin Francesca Cuzzoni (1700–1770) wurde als Opernsängerin 1722 von Händel nach London gerufen (bis 1726). Ab 1748 erfolglos.

27 Louis XV. vgl. Brief XI.

28 Le Brun soll Verfasser des Pamphlets *J'ai vu* gewesen sein, das Voltaire zugeschrieben wurde und ihm 1717 einen Aufenthalt in der Bastille einbrachte.

29 Jean Baptiste Racine (1639–1699), neben Corneille und Molière größter französischer Dramatiker des 17. Jahrhunderts.

30 Corneille vgl. Brief XVIII.

31 Molière vgl. Brief XIX.

Vierundzwanzigster Brief

Über die Akademien

Die Engländer haben schon lange vor uns eine Akademie der Wissenschaften gehabt; aber sie ist nicht so wohlgeordnet wie unsere, und das vielleicht nur, weil sie älter ist; denn wenn man sie nach der Pariser Akademie ausgerichtet hätte, würde sie einige kluge Gesetze übernommen und die anderen vervollkommnet haben.

Der Königlichen Gesellschaft in London fehlen zwei der den Menschen wichtigsten Dinge: Vergütungen und Vorschriften. In Paris ist für einen Geometer oder Chemiker so ein Platz in der Akademie ein gesichertes kleines Vermögen; in London dagegen kostet es was, zur Königlichen Gesellschaft zu gehören. Wer auch immer in England sagt: »Ich liebe die Künste« und zur Gesellschaft gehören will, ist sofort drin. In Frankreich aber reicht es nicht, Liebhaber zu sein, um Mitglied und Pensionär der Akademie zu werden; man muß gebildet sein und Konkurrenten den Platz streitig machen, die um so fürchtenswerter sind, als sie angeregt sind von Ruhm, Eigennutz und sogar von Eigensinn und jener Starrheit des Geistes, die das beharrliche Studium der rechnenden Wissenschaften im allgemeinen mit sich bringt.

Die Akademie der Wissenschaften ist weise beschränkt auf die Erforschung der Natur, und das ist in der Tat ein so weites Feld, daß dort fünfzig oder sechzig Personen beschäftigt sein können. Die in London vermengt unterschiedslos Literatur und Physik. Mir scheint es besser, eine eigene Akademie für die Geisteswissenschaften zu haben, damit nichts vermischt und nicht eine Arbeit über die römischen Frisuren neben ein Hundert neuer Kurven gestellt wird.

Da die Gesellschaft in London wenig Ordnung und keine Anregung hat und jene in Paris einen ganz entgegengesetzten Weg beschreitet, ist es nicht verwunderlich, daß die Memoranden unserer Akademie denen der anderen überlegen sind: Wohldisziplinierte und gutbezahlte Soldaten siegen auf die Dauer über Freiwillige. Es ist wahr, die Königliche Gesellschaft hatte einen Newton[1], sie hat ihn aber nicht hervorgebracht; sogar unter seinen Kollegen gab es nur wenige, die ihn verstanden hätten; ein Genie wie Newton gehörte zu allen Akademien Europas, weil sie alle viel von ihm zu lernen hatten.

Der berühmte Doktor Swift[2] entwickelte während der letzten Jahre der Herrschaft Königin Annes[3] das Projekt, eine Akademie für die Sprachen einzurichten nach dem Vorbild der Académie Française. Dieses Projekt wurde vom Graf von Oxford[4], dem großen Schatzmeister, unterstützt, noch mehr vom Vicomte Bolingbroke[5], Staatssekretär, der die Gabe hatte, im Parlament aus dem Stegreif so klar zu sprechen, wie Swift in seinem Arbeitszimmer schreiben kann, und der Förderer und Schmuck der Akademie gewesen wäre. Die Mitglieder, die sie darstellen sollten, waren Männer, deren Werke so lange Gültigkeit haben werden wie die englische Sprache: Es waren Doktor

Swift, Prior[6], den wir hier als Staatsminister gesehen haben und der in England denselben Ruf hat wie La Fontaine[7] bei uns; Pope[8], der Boileau[9] Englands, Congreve[10], den man dessen Molière[11] nennen kann, und mehrere andere, deren Namen mir gerade entfallen sind, hätten diese Gemeinschaft bei ihrer Geburt aufblühen lassen. Doch starb die Königin plötzlich; die Whigs setzten es sich in den Kopf, die Befürworter der Akademie henken zu lassen, was, wie Sie wohl glauben, tödlich war für die Geisteswissenschaften. Die Mitglieder dieser Körperschaft hätten den ersten der Académie Française einen großen Vorteil vorausgehabt, denn Swift, Prior, Congreve, Dryden[12], Pope, Addison[13] etc. haben die englische Sprache mit ihren Schriften festgelegt, während Chapelain[14], Colletet[15], Cassaigne[16], Faret[17], Perrin[18], Cotin[19], Ihre ersten Akademiker, Schandfleck ihres Volkes waren und ihre Namen so lächerlich geworden sind, daß, wenn ein passabler Autor das Pech hätte, Chapelain oder Cotin zu heißen, er genötigt wäre, seinen Namen zu ändern. Vor allem wäre es nötig gewesen, daß die englische Akademie sich für völlig andere Beschäftigungen entschlossen hätte als die unsere. Eines Tages fragte mich ein Schöngeist dieses Landes nach den Denkschriften der Académie Française. »Es gibt dort gar keine Denkschriften«, antwortete ich ihm, »sie hat siebzig oder achtzig Bände mit Komplimenten drucken lassen.« Er sah ein oder zwei davon durch; er konnte diesen Stil überhaupt nicht verstehen, obwohl er unsere guten Autoren sehr genau verstand. »Alles, was ich diesen schönen Reden entnehme«, sagte er mir, »ist, daß, nachdem der Aufgenommene versichert hat, daß sein Vorgänger ein großer Mann war, daß Kardinal Richelieu[20] ein sehr großer Mann war, der Kanzler Séguier[21] ein ziemlich großer Mann war und Louis XIV.[22] mehr als ein großer Mann war, der Direktor ihm dasselbe antwortet und hinzufügt, der Aufgenommene könnte ebensogut eine Art großer Mann sein und daß er für ihn, den Direktor, seinen Anteil daran nicht verliere.«

Es ist leicht zu sehen, mit welcher Unausbleiblichkeit fast alle diese Reden jener Körperschaft so wenig Ehre gemacht haben: »vitium est temporis potius quam hominis«[23]. Es ist nach und nach Brauch geworden, daß jeder Akademiker diese Elogen bei seiner Aufnahme wiederholt: Es war eine Art Gesetz, die Öffentlichkeit zu langweilen. Wenn man dann herauszufinden sucht, warum die größten Geister, die in diese Gesellschaft eingetreten sind, z. T. die schlimmsten Standreden gehalten haben, ist der Grund ganz einfach; sie haben brillieren und eine völlig abgenutzte Materie neu behandeln wollen: die Notwendigkeit zu reden, die Verlegenheit, nichts zu sagen zu haben, und das Verlangen, geistreich zu sein, sind drei Dinge, die selbst den größten Mann lächerlich machen können; weil sie keinen neuen Gedanken finden konnten, haben sie neue Formeln gesucht und ohne zu denken gesprochen wie Leute, die leer kauen und so tun, als äßen sie, während sie vor Hunger sterben.

Statt des Gesetzes in der Académie Française, all diese Reden, durch die allein sie bekannt ist, drucken zu lassen, sollte es Gesetz sein, sie nicht zu drucken.

Die Académie des Belles-Lettres hat sich ein klügeres und nützlicheres Ziel gesetzt, nämlich dem Publikum eine

Sammlung von mit Forschungen und interessanten Kritiken gefüllten Denkschriften vorzulegen. Diese Denkschriften werden bereits bei den Ausländern geschätzt; man wünschte bloß, daß einige Gebiete vertieft würden und andere nicht behandelt wären. Man hätte sich z. B. ich weiß nicht welchen Aufsatz über die Vorzüge der rechten Hand gegenüber der linken und einige andere Artikel gut sparen können, die unter einem weniger lächerlichen Titel doch nicht weniger oberflächlich sind.

Die Akademie der Wissenschaften umfaßt mit ihren schwierigeren Forschungen und ihrer spürbareren Zweckmäßigkeit die Erkenntnis der Natur und die Vervollkommnung der Künste. Es ist zu glauben, daß so tiefgehende und anhaltende Studien, so genaue Berechnungen, so feinsinnige Entdeckungen und so große Einsichten schließlich etwas hervorbringen werden, das zum Guten der Welt dient.

Bisher war es – wie wir gemeinsam festgestellt haben – in den barbarischen Jahrhunderten, daß die nützlichsten Entdeckungen gemacht wurden; anscheinend besteht der Beitrag der aufgeklärtesten Zeiten und der gebildetsten Gesellschaften darin, über die Erfindungen der Unwissenden Überlegungen anzustellen. Man kennt heute, nach langen Streitgesprächen zwischen Huyghens[24] und Renaud[25], den günstigsten Winkel zwischen Bootsruder und Kiel; Christoph Columbus[26] aber hat Amerika entdeckt, ohne etwas von diesem Winkel zu ahnen.

Ich bin weit davon entfernt, daraus zu folgern, daß man sich bloß an die blinde Praxis halten soll; aber es wäre gelungener, wenn die Physiker und Geometer, soweit es möglich ist, die Praxis mit der Spekulation verbänden. Ist es unbedingt erforderlich, daß was dem menschlichen Geist die meiste Ehre macht, häufig das Nutzloseste ist? Ein Mann wird mit den vier Rechenarten und gesundem Verstand ein großer Händler, ein Jacques Cœur[27], ein Delmet[28], ein Bernard[29], während ein armer Algebraiker sein Leben damit zubringt, Beziehungen zwischen den Zahlen und erstaunliche, aber nutzlose Eigenschaften zu finden, die ihm nicht zeigen, was ein Wechsel ist. Alle Künste sind in ungefähr der gleichen Lage; von einem Punkt an sind die Forschungen nur noch etwas für die Neugierde: Diese scharfsinnigen und nutzlosen Wahrheiten ähneln Sternen, die uns, weil sie zu weit von uns entfernt sind, kein Licht geben.

Welchen Dienst erwiese nicht die Académie Française den Geisteswissenschaften, der Sprache und dem Volke, ließe sie, statt alle Jahre Komplimente drucken zu lassen, die guten Werke des Jahrhunderts Louis' XIV. drucken, gereinigt von allen Ausdrucksfehlern, die sich dort eingeschlichen haben? Corneille[30] und Molière sind voll davon; bei La Fontaine wimmelt es; die man nicht verbessern kann, würden zumindest gekennzeichnet. Europa, das diese Autoren liest, lernte mit ihnen zuverlässig unsere Sprache; ihre Reinheit würde auf immer fixiert; die guten Bücher, mit solcher Pflege auf Kosten des Königs gedruckt, würden eines der ruhmreichsten Denkmäler der Nation sein. Ich habe sagen hören, daß Despréaux diesen Vorschlag schon früher gemacht hat und daß er erneuert worden ist von einem Mann, dessen Verstand, Klugheit und gesunde Kritik bekannt sind; aber diese Idee teilte das

Schicksal vieler anderer nützlicher Projekte, nämlich gutgeheißen und vergessen zu werden.

1 Newton vgl. Brief VII.
2 Swift vgl. Brief XXII.
3 Anne Stuart vgl. Brief V.
4 Oxford vgl. Brief V.
5 Bolingbroke vgl. Brief V.
6 Prior vgl. Brief XXII.
7 La Fontaine vgl. Brief XXI.
8 Pope vgl. Brief XXII.
9 Boileau vgl. Brief XIII.
10 Congreve vgl. Brief XIX.
11 Molière vgl. Brief XIX.
12 Dryden vgl. Brief XVIII.
13 Addison vgl. Brief XVIII.
14 Jean Chapelain (1595–1674), französischer Dichter, Berater Richelieus in Fragen der Literatur.
15 Guillaume Colletet (1598–1658), Dichter, Mitbegründer der Académie Française.
16 Abbé Jacques Cassaigne (1636–1677), gelegentlicher Prediger und weniger bedeutender Dichter. Aufgenommen in die Akademie für eine schmeichelhafte Ode an die Akademie.
17 Nicolas Faret (1600–1646), französischer Literat, Mitbegründer der Académie Française.
18 Pierre Perrin (1620–1675), Librettist, tritt das Recht, eine französische Akademie zu gründen, an Lully ab.
19 Abbé Charles Cotin (1604–1655), Prediger, galanter Dichter.
20 Richelieu (1585–1642), Kardinal, 1624 leitender Minister Königs Louis' XIII., fördert Absolutismus gegen Adelsherrschaft. Nimmt den Hugenotten ihre Sicherheitsplätze von La Rochelle (1628). Gründete 1635 die Académie Française.
21 Pierre Séguier (1588–1672), französischer Politiker, Kanzler.
22 Louis XIV. vgl. Brief VIII.
23 vitium...: Die Schuld daran liegt eher bei der Zeit denn bei den Menschen.
24 Huyghens vgl. Brief XVII.
25 Bernard Renau d'Eliçagaray, genannt Petit Renau (1652–1719), Marine-Ingenieur, wirkte an der Entwicklung von Kriegsschiffen mit.
26 Kolumbus vgl. Brief XII.
27 Jacques Cœur (1395–1456), französischer Kaufmann, Finanzier und Minister.
28 Vermutlich Peter Delmé (?–1728), Lordmaire von London.
29 Samuel Bernard (1651–1739), französischer Finanzier.
30 Corneille vgl. Brief XVIII.

Fünfundzwanzigster Brief

Über die Gedanken des Herrn Pascal

Ich schicke Ihnen die kritischen Bemerkungen, die ich schon vor langer Zeit über die *Gedanken von Pascal*[1] gemacht habe. Vergleichen Sie mich bitte nicht mit Ezechias[2], der alle Bücher Salomos verbrennen lassen wollte. Ich achte das Genie und die Wortgewandtheit Pascals; doch je mehr ich sie achte, desto überzeugter bin ich, daß er selbst viele dieser *Gedanken* verbessert haben würde, die er aufs Geratewohl aufs Papier geworfen hatte, um sie im Anschluß zu untersuchen: Und es ist in Bewunderung seines Geistes, daß ich ein paar seiner Ideen bekämpfe.

Mir scheint, daß die Absicht, in der Pascal diese *Pensées* schrieb, die war, den Menschen in schlechtem Lichte darzustellen. Er bemüht sich, uns alle böse und unglücklich zu malen. Er schrieb gegen die menschliche Natur fast so wie gegen die Jesuiten. Er unterstellt dem Wesen unserer Natur, was nur bestimmten Menschen zu eigen ist. Er beleidigt beredt die Menschheit. Ich wage, die Partei der Menschheit zu ergreifen gegen diesen großen Menschenfeind; ich wage zu behaupten, daß wir weder so böse noch so unglücklich sind, wie er sagt. Ich bin außerdem sehr überzeugt, daß, wenn er in dem Buch, an das er dachte, der Absicht gefolgt wäre, die in den *Pensées* zutage tritt, er ein Buch voller beredter Trugschlüsse und bewundernswert hergeleiteter Falschheiten verfaßt hätte. Ich glaube sogar, daß alle die Bücher, die man in der letzten Zeit geschrieben hat, um den christlichen Glauben zu begründen, eher dazu angetan sind, Anstoß zu erregen, als zu erbauen. Meinen diese Autoren denn, mehr davon zu haben als Jesus Christ und die Apostel? Das heißt, eine Eiche mit Röhricht stützen; man kann den unnützen Röhricht fortlassen ohne zu fürchten, dem Baum Schaden zuzufügen.

Ich habe einige der Gedanken Pascals beliebig herausgesucht; ich setze die Antworten darunter. Es liegt bei Ihnen zu beurteilen, ob ich unrecht habe oder recht.

1 »Größe und Elend des Menschen sind so sichtbar, daß der wahre Glaube uns unbedingt lehren muß, daß es in ihm ein wichtiges Prinzip von Größe gibt und gleichzeitig eines von Elend. Denn der wahre Glaube muß unsere Natur von Grund auf kennen, das heißt alles, was sie an Großem und an Elendem hat, und den Grund zum einen wie zum anderen. Dazu muß er uns Rechenschaft ablegen über die Widersätzlichkeiten, die sich da treffen.«

Diese Art zu überlegen erscheint falsch und gefährlich: Denn die Geschichte von Prometheus und Pandora, die Mannweiber Platos und die Lehren der Siamesen trügen diesen augenscheinlichen Widersätzlichkeiten ebensogut Rechnung. Der christliche Glaube wäre nicht weniger wahr, wenn man nicht diese scharfsinnigen Schlüsse daraus zöge, die zu nichts dienlich sein können, als den Geist glänzen zu lassen. Das Christentum lehrt Schlichtheit, Menschlichkeit, Nächstenliebe; es zur Metaphysik vermindern zu wollen, heißt, eine Fehlerquelle daraus machen.

II »Man prüfe darin alle Religionen der Welt und man sehe, ob es eine andere außer der christlichen gibt, die dem Genüge tut. Ist es diejenige, die die Philosophen, welche uns als eigentliches Gut das Gut vorschlagen, das in uns selber ist? Ist das das wahre Gute? Haben sie das Heilmittel für unsere Übel gefunden? Haben sie die Überheblichkeit des Menschen geheilt, die darin liegt, sich Gott gleichgestellt zu haben? Haben die, die uns den Tieren gleichgestellt haben und uns die irdischen Freuden als eigentliches Gut gegeben haben, das Heilmittel für unsere Triebhaftigkeit herbeigeschafft?«

Die Philosophen haben überhaupt keinen Glauben gelehrt; es gilt nicht, ihre Philosophie zu bekämpfen. Nie hat sich ein Philosoph als von Gott erleuchtet bezeichnet, denn von da an wäre er nicht mehr Philosoph gewesen, sondern er hätte den Propheten gespielt. Es geht nicht darum, ob Jesus Christ Aristoteles[3] den Rang ablaufen soll; es geht darum zu beweisen, daß der Glaube Jesu Christi der wahre ist und der Mohammeds[4], der Heiden und aller anderen falsch.

III »Und dabei sind wir uns selber ohne dieses allerunverständlichste Mysterium unverständlich. Der Knoten unseres Wesens hat seine Windungen und Drehungen im Abgrund der Erbsünde dergestalt, daß der Mensch ohne dieses Mysterium unfaßlicher ist als dieses Mysterium dem Menschen unfaßlich.«

Ist es überlegt zu sagen: »Der Mensch ist unfaßlich ohne dieses unfaßliche Mysterium.«? Warum weiter gehen wollen als die Schrift? Hat es nicht etwas von Vermessenheit, zu glauben, sie habe Unterstützung nötig und daß philosophische Ideen ihr so etwas geben könnten?

Was hätte Herr Pascal einem Manne geantwortet, der ihm gesagt hätte: »Ich weiß, daß das Geheimnis der Erbsünde Gegenstand meines Glaubens ist und nicht meiner Vernunft. Ich nehme sehr gut wahr, was das ist, der Mensch; ich sehe, daß er auf die Welt kommt wie die anderen Tiere; daß die Niederkunft der Mütter in dem Maße schmerzhafter ist, wie sie zarter sind; daß die Frauen und auch die weiblichen Tiere manchmal bei der Geburt sterben; daß manche Kinder schlecht angelegt sind, die ohne ein oder zwei Sinne und die Fähigkeit zu denken leben; daß die besser angelegten jene sind, die sehr lebhafte Leidenschaften haben; daß die Eigenliebe bei allen Menschen gleich ist und ihm genauso notwendig wie die fünf Sinne; daß uns die Selbstachtung von Gott gegeben ist für die Erhaltung unseres Seins und daß er uns den Glauben gegeben hat, diese Selbstachtung zu regulieren; daß unsere Ideen stimmen oder unrichtig sind, dunkel oder klar, je nachdem, wie robust oder zart, und je nachdem, wie leidenschaftlich wir sind; daß wir in allem von der uns umgebenden Luft und den Lebensmitteln abhängen, die wir zu uns nehmen, und daß in alldem nichts Widersprüchliches ist. Die Menschheit ist kein Rätsel, wie Sie sich das vorstellen, um des Vergnügens willen, es zu lösen. Der Mensch scheint an seinem Platz zu stehen in der Natur, den Tieren, denen er mit seinen Organen ähnelt, überlegen, anderen Wesen, denen er wahrscheinlich mit seinem Denken ähnelt, unterlegen. Er ist wie alles, was wir sehen, aus Gut und Böse zusammengesetzt und aus Freud und

Leid. Er ist ausgestattet mit Leidenschaften zum Handeln und mit Vernunft, seine Taten zu lenken. Wenn der Mensch vollkommen wäre, wäre er Gott, und diese angeblichen Gegensätzlichkeiten, die Sie ›Widersprüche‹ nennen, sind die erforderlichen Zutaten, die in die Zusammensetzung des Menschen hineingehören, der das ist, was er sein soll.«

IV »Folgen wir unseren Bewegungen, beobachten wir uns selbst, und sehen wir zu, ob wir da nicht die lebendigen Charakterzüge unserer zwei Naturen finden.

So viele Widersprüche sollen sich in einem einfachen Subjekt finden? Die Doppelnatur des Menschen ist so sichtbar, daß manche gedacht haben, wir hätten zwei Seelen in uns, ein einfaches Subjekt schien ihnen derartiger und so abrupter Wandlungen zwischen maßloser Überheblichkeit und schrecklicher Niedergeschlagenheit des Herzens unfähig.«

Unsere verschiedenen Willensäußerungen sind keine Widersprüche in der Natur, und der Mensch ist kein einfaches Subjekt. Er ist aus einer Unzahl Organe zusammengesetzt: Wenn eines dieser Organe ein bißchen anders ist, muß es notwendig alle Eindrücke des Hirns ändern, und das Lebewesen muß neue Gedanken und neue Bedürfnisse haben. Es ist sehr wahr, daß wir bald zu Tode betrübt, bald himmelhochjauchzend sind: Und das muß sein, wenn wir uns in gegensätzlichen Situationen befinden. Ein Tier, das sein Herr streichelt und nährt, und eines, das man langsam und mit Vorsatz erwürgt, um es zu sezieren, haben reichlich unterschiedliche Gefühle: und genauso machen wir's: und die Unterschiede, die in uns sind, sind so wenig widersprüchlich, daß es widersprüchlich wäre, wenn es sie nicht gäbe.

Die Narren, die gesagt haben, wir hätten zwei Seelen, hätten uns aus demselben Grund dreißig oder vierzig geben können; denn ein Mensch hat in großer Erregung oft dreißig oder vierzig Vorstellungen von derselben Sache, und muß sie zwangsläufig haben, je nachdem, wie ihm diese Sache unter verschiedenen Ansichten erscheint.

Diese vorgebliche »Doppelnatur« des Menschen ist ein genauso aberwitziger wie metaphysischer Einfall. Ebenso gerne würde ich sagen, daß der Hund, der beißt und liebkost, doppelt ist; daß die Henne, die sich so sehr um ihre Kleinen kümmert, und die sie darauf verläßt und nicht wiedererkennt, doppelt ist; daß der Spiegel, der verschiedene Gegenstände zugleich wiedergibt, doppelt ist; daß der Baum, der bald voller Blätter ist, bald ohne, doppelt ist. Ich räume ein, daß der Mensch unfaßlich ist; aber der ganze Rest der Natur ist es auch, und es gibt im Menschen nicht mehr Widersprüche als im ganzen Rest.

v »Nicht wetten, daß Gott ist, heißt wetten, daß er nicht ist. Was also werden Sie wählen? Wägen wir Gewinn und Verlust ab, wenn wir auf den Glauben setzen, daß Gott ist. Wenn Sie gewinnen, gewinnen Sie alles; wenn Sie verlieren, verlieren Sie nichts. Wetten Sie also, daß er ist, ohne zu zögern. – Ja, man muß setzen, aber vielleicht setze ich zuviel? – Mal sehen: Da die Chance für Gewinn und Verlust gleich ist, könnten Sie, wenn Sie auch nur zwei Leben für eines zu gewinnen hätten, noch einmal setzen.«

Es ist ganz klar falsch, zu sagen: »Nicht wetten, daß Gott ist, heißt wetten, daß er nicht ist«; denn derjenige, der zweifelt und sich aufzuklären sucht, wettet ganz sicher weder für noch gegen.

Im übrigen erscheint mir dieser Artikel ein bißchen unschicklich und kindisch; diese Idee von Spiel, Verlust und Gewinn paßt überhaupt nicht zum Gewicht des Themas.

Außerdem ist das Interesse, das ich habe, an eine Sache zu glauben, kein Beweis für die Existenz dieser Sache. Ich gebe Ihnen, sagen Sie mir, die Herrschaft der Welt, wenn ich glaube, daß Sie recht haben. Ich hoffe also von ganzem Herzen, daß Sie recht haben, aber bis Sie es mir bewiesen haben, kann ich Ihnen nicht glauben.

Beginnen Sie damit, könnte man Pascal sagen, meine Vernunft zu überzeugen. Ich habe sicherlich Interesse, daß es einen Gott gibt; aber wenn in Ihrem System Gott nur für so wenige gekommen ist; wenn die Anzahl der Erwählten so schrecklich klein ist; wenn ich nichts kann von mir aus, sagen Sie mir, ich bitte Sie, welches Interesse habe ich, Ihnen zu glauben? Habe ich nicht sichtliches Interesse, vom Gegenteil überzeugt zu werden? Mit welcher Stirn wagen Sie, mir ein unendliches Glück zu zeigen, das von einer Million Menschen kaum einer erhoffen darf? Wenn Sie mich überzeugen wollen, fangen Sie das anders an, und wollen Sie mir nicht bald von Zufallsspiel, Wette, Kreuz und Zahl erzählen, und mich bald ängstigen mit Dornen, die Sie auf den Weg streuen, dem ich folgen will und muß. Ihre Überlegung würde nur dazu dienen, Atheisten hervorzubringen, wenn es nicht die Stimme der gesamten Natur gäbe, die uns zuruft, daß es einen Gott gibt – mit soviel Kraft wie jene Feinheiten schwach sind.

VI »Wenn ich die Verblendung und das Elend des Menschen sehe und jene erstaunlichen Widersprüche, die sich in seiner Natur zeigen, wenn ich das ganze stumme Universum betrachte und den Menschen, der ohne Licht, sich selbst überlassen, und wie verirrt in diesem Schlupfwinkel der Welt lebt, ohne zu wissen, wer ihn da hingesetzt hat, was zu tun er dort hingekommen ist, was dort aus ihm wird, wenn er stirbt, dann gerate ich in einen Schrecken wie ein Mensch, den man schlafend auf eine verlassene und schreckliche Insel gebracht hat und der dort aufwacht, ohne zu wissen, wo er ist, und ohne Mittel, fortzukommen; und dabei bewundere ich es, wie man über einen so elenden Zustand gar nicht in Verzweiflung gerät.«

Beim Lesen dieser Überlegung erhalte ich einen Brief von einem Freund, der sich in einem sehr fernen Lande aufhält. Hier seine Worte:

»Ich bin hier, wie Sie mich verlassen haben, weder fröhlicher noch trauriger, weder reicher noch ärmer, mich einer vollkommenen Gesundheit erfreuend, mit allem, was das Leben schön macht, ohne Liebe, Habsucht, Ehrgeiz und Neid; und solange dieses alles dauert, nenne ich mich kühn einen sehr glücklichen Menschen.«

Es gibt viele genauso glückliche Menschen wie ihn. Die Menschen sind da wie die Tiere; dieser Hund schläft und frißt mit seiner Herrin; jener andere macht es anders und ist ebenso zufrieden; jener andere wird tollwütig, und man tötet ihn. Was mich angeht, wenn ich London oder Paris betrachte, sehe ich keinen Grund, in die Verzweiflung zu geraten, von der Pascal spricht; ich sehe eine Stadt, die in nichts an eine verlassene Insel erinnert, sondern bevölkert, reich und gesittet ist, wo die Menschen glücklich sind, soweit die Natur das mit sich bringt. Wer ist der kluge Mann, der bereit sein wird, sich zu hängen, weil er Gott nicht gegenüberzutreten weiß und das Geheimnis der Dreieinigkeit nicht zu lösen vermag? Genauso müßte man darüber verzweifeln, nicht vier Pfoten und zwei Flügel zu haben.

Warum uns angst machen vor unserem Wesen? Unsere Existenz ist nicht so unglücklich, wie man es uns glauben machen will. Die Welt als einen Kerker anzusehen und alle Menschen als Verbrecher, die man henken wird, ist die Idee eines Fanatikers. Zu glauben, die Welt sei ein Ort der Lust, wo man nur Freude haben kann, ist die Träumerei eines Sybariten[5]. Zu denken, daß Erde, Menschen und Tiere sind, was sie sein sollen in der Ordnung der Vorsehung, ist, glaube ich, nach Art der Weisen.

VII (»Die Juden denken), daß Gott die anderen Völker nicht ewig in dieser Finsternis lassen wird; daß für alle ein Retter kommen wird; daß sie auf Erden sind, ihn anzukündigen; daß sie eigens geschaffen sind, Herolde dieses großen Ereignisses zu sein und alle Völker aufzurufen, sich mit ihnen in der Erwartung dieses Retters zu vereinen.«

Die Juden haben immer einen Retter erwartet; aber ihr Retter ist für sie und nicht für uns. Sie erwarten einen Messias, der die Juden zu den Herren der Christen macht;

und wir hoffen, daß der Messias die Juden mit den Christen eint: Sie denken da genau das Gegenteil von dem, was wir denken.

VIII »Das Gesetz, nach dem dieses Volk regiert wird, ist insgesamt das älteste Gesetz der Welt, das vollkommenste und das einzige, das stets ohne Unterbrechung beibehalten worden ist in einem Staat. Das zeigt der Jude Philon[6] an verschiedenen Stellen, und auch Joseph[7] zeigt es bewundernswert gegenüber Apion[8], wo er sichtbar macht, daß es so alt ist, daß das Wort Gesetz selbst den Ältesten erst mehr als tausend Jahre später bekannt wurde, so daß Homer[9], der von so vielen Völkern gesprochen hat, es nie benutzt hat. Die Vollkommenheit dieses Gesetzes ist schon bei der einfachen Lektüre leicht zu beurteilen, wo man sieht, daß dort alles mit so viel Weisheit, so viel Ausgeglichenheit und so viel Urteilskraft vorhergesehen ist, daß die ältesten griechischen und römischen Gesetzgeber, die etwas davon wußten, ihre hauptsächlichen Gesetze daher genommen haben: Das sieht man an denen, die sie die *zwölf Tafeln* nennen, und an anderen Beweisen, die Joseph dazu gibt.«

Es ist sehr falsch, daß das Gesetz der Juden das älteste sei, denn vor Moses, ihrem Gesetzgeber, lebten sie in Ägypten, dem Lande der Erde, das für seine weisen Gesetze am bekanntesten ist.

Es ist sehr falsch, daß man das Wort Gesetz erst nach Homer gekannt habe; er spricht von den Gesetzen des Minos[10]; das Wort Gesetz gibt es bei Hesiod[11]. Und wenn sich das Wort Gesetz weder bei Hesiod noch bei Homer fände, hieße das noch gar nichts. Es gab Könige und Richter, also gab es Gesetze.

Es ist erst recht sehr falsch, daß die Griechen und Römer Gesetze der Juden übernommen hätten. Das kann nicht in den Anfängen ihrer Republiken gewesen sein, denn damals konnten sie die Juden nicht kennen; das kann nicht zu Zeiten ihrer Größe gewesen sein, denn da hatten sie für diese Barbaren eine der ganzen Erde bekannte Verachtung.

IX »Dieses Volk ist auch in seiner Zuverlässigkeit bewundernswert. Sie bewahren in Liebe und Treue das Buch, in dem Moses verkündet, daß sie stets undankbar waren gegenüber Gott und daß er weiß, daß sie es nach seinem Tode noch mehr sein werden; daß er aber Himmel und Erde zu Zeugen gegen sie rufe, daß er ihnen das genug gesagt habe; daß schließlich Gott, wenn er sich gegen sie erzürnt, sie unter alle Völker der Welt zerstreuen werde; daß, da sie ihn gegen sich aufgebracht haben, indem sie Götter verehrten, die nicht die ihren waren, er sie aufbringen wird, indem er ein Volk ruft, das keineswegs seins ist. Indessen bewahren sie dieses Buch, das sie auf so viele Arten entehrt, wie ihr Leben. Das ist eine Zuverlässigkeit, die ohne Beispiel ist auf der ganzen Welt noch ihre Wurzel in der Natur hat.«

Diese Zuverlässigkeit hat überall Beispiele, und ihre Wurzel hat sie nur in der Natur. Der Hochmut eines jeden Juden ist, interessiert zu glauben, daß es nicht seine gräßliche Politik, seine Unkenntnis der Künste, seine Grobheit ist, die ihn ins Verderben geführt hat, sondern der Zorn Gottes, der ihn bestraft. Er denkt mit Befriedigung, daß es

Wunder gebraucht hat, ihn niederzuschlagen, und daß sein Volk noch immer das geliebte Volk des Gottes ist, der es züchtigt.

Steige ein Prediger auf die Kanzel und sage: »Ihr seid Elende, die weder Herz noch Haltung haben; Ihr seid bei Hochstedt und bei Ramillies geschlagen worden, weil Ihr Euch nicht zu verteidigen wußtet«; er wird sich steinigen lassen; »Ihr seid die von Gott geliebten Katholiken; eure schändlichen Sünden haben den Ewigen aufgebracht, der Euch in Höchstädt und Ramillies an die Häretiker lieferte; als Ihr aber zum Herren zurückgekehrt seid, hat er Euren Mut in Denain[12] gesegnet«; diese Worte werden ihn bei den Zuhörern beliebt machen.

X »Wenn es einen Gott gibt, darf man nur ihn lieben und nicht die Lebewesen.«

Man muß die Lebewesen lieben, und zwar sehr zärtlich; man muß sein Vaterland, seine Frau, seinen Vater, seine Kinder lieben; man muß sie genauso lieben, wie Gott uns sie gegen unseren Willen lieben läßt. Gegensätzliche Prinzipien sind nur geeignet, barbarische Vernünftler hervorzubringen.

XI »Wir werden ungerecht geboren; denn jeder ist auf sich gerichtet. Das ist gegen alle Ordnung. Man muß zum Allgemeinen streben; und der Hang zu sich selbst ist der Anfang aller Unordnung in Krieg, Verwaltung, Wirtschaft etc.«

Das ist ganz in der Ordnung. Es ist genauso unmöglich, daß sich die Gesellschaft ohne Eigenliebe bilden kann, wie es unmöglich wäre, Kinder ohne Lust zu machen, ohne Appetit essen zu wollen etc. Es ist die Liebe unserer selbst, die der Liebe der anderen beisteht; es ist mittels unserer gegenseitigen Bedürfnisse, daß wir dem Menschengeschlecht von Nutzen sind; das ist die Ursache jeden Handels; das ist das ewige Bindeglied zwischen den Menschen. Ohne das wäre kein Handwerk eingeführt worden noch eine Gemeinschaft von zehn Leuten geformt. Es ist diese Eigenliebe, die jedes Tier von der Natur erhalten hat, die uns anhält, die der andern zu achten. Das Gesetz lenkt diese Eigenliebe, und der Glaube vervollkommnet sie. Es ist wohl wahr, daß Gott Wesen hätte schaffen können, die nur Augenmerk für das Wohl der anderen haben. In diesem Fall wären die Kaufleute aus Barmherzigkeit in Indien gewesen, und der Maurer hätte den Stein seinem Nächsten zum Gefallen gesägt. Aber Gott hat die Dinge anders bestellt. Belasten wir nicht den Instinkt, den er uns gibt, und nehmen wir ihn in Gebrauch, wie er es befiehlt.

XII (»Der verborgene Sinn der Prophezeiungen) konnte nicht irreleiten, und es gab nur ein so sinnenbezogenes Volk wie dieses, das sich da vertun konnte. Denn wenn die Güter im Überfluß versprochen sind, wer hinderte sie, die wirklichen Güter zu erkennen, wenn nicht ihre Habgier, die diesen Sinn auf die irdischen Güter begrenzte?«

Ehrlich, würde es das geistvollste Volk anders verstanden haben? Sie waren Sklaven der Römer; sie erwarteten einen Retter, der sie zum Siege geführt und Jerusalem in der ganzen Welt achten gemacht hätte. Wie hätten sie mit der Klarheit ihrer Vernunft diesen Sieger, diesen König im armen und gekreuzigten Jesus sehen können? Wie hätten sie unter dem Namen ihrer Hauptstadt ein himmlisches Jerusalem verstehen können, sie, zu denen der *Dekalog*[13] nicht bloß von der Unsterblichkeit der Seele gesprochen hatte? Wie hätte ein so seinem Gesetz verbundenes Volk ohne höhere Eingebung in den Prophezeiungen, die nicht Gesetz waren, einen hinter der Gestalt eines beschnittenen Juden versteckten Gott sehen können, der mit seinem neuen Glauben Beschneidung und Sabbat, heilige Grundsätze des jüdischen Gesetzes, abgeschafft und abscheulich gemacht hat? Noch einmal, verehren wir Gott, ohne in das Dunkel seiner Geheimnisse dringen zu wollen.

XIII »Die Zeit der ersten Ankunft Jesu Christi ist vorausgesagt. Die Zeit der zweiten ist es nicht, weil die erste verborgen sein sollte, während die zweite so großartig und offenkundig sein soll, daß selbst seine Feinde sie erkennen.«

Die Zeit der zweiten Ankunft Jesu Christi ist noch klarer vorausgesagt worden als die erste. Pascal hatte offensichtlich vergessen, daß Jesus Christ im 21. Kapitel des Lukas ausdrücklich sagt: »Wenn ihr aber sehen werdet Jerusalem belagert von einem Heer, so merket, daß herbeigekommen ist seine Verwüstung… Jerusalem wird zertreten werden, und es werden Zeichen geschehen an Sonne und Mond und Sternen, und auf Erden wird den Leuten bange sein, und sie werden zagen, denn das Meer und die Wasserwogen werden brausen… Der Himmel Kräfte werden ins Wanken kommen. Und alsdann werden sie sehen des Menschen Sohn kommen in einer Wolke mit großer

Kraft und Herrlichkeit.« Ist das denn nicht die zweite Ankunft genau vorausgesagt? Jedoch, wenn es nicht so gekommen ist, dann ist es nicht an uns, es zu wagen, die Vorsehung zu befragen.

XIV »Der Messias soll nach den sinnenbezogenen Juden ein zeitweiliger großer Fürst sein. Nach den sinnenbezogenen Christen ist er gekommen, um uns zu entbinden, Gott zu lieben und uns Sakramente zu geben, die alles ohne uns *bewirken*. Weder das eine noch das andere ist der christliche oder jüdische Glaube.«

Dieser Artikel ist wohl eher ein satirischer Spruch als eine christliche Überlegung. Wir sehen, daß man es hier auf die Jesuiten abgesehen hat. Aber wirklich, hat denn jemals ein Jesuit gesagt, Jesus Christ »sei gekommen, uns von der Liebe zu Gott zu befreien«? Der Streit um die Liebe zu Gott ist ein reiner Wortstreit, wie der Großteil der wissenschaftlichen Zänke, die so lebhaften Haß und so entsetzliches Unglück bewirkt haben.

In diesem Artikel taucht noch ein anderer Fehler auf, nämlich daß man da annimmt, die Erwartung des Messias sei ein Punkt des jüdischen Glaubens. Das war bloß eine in diesem Volke verbreitete tröstliche Idee. Die Juden hofften auf einen Retter. Es war ihnen aber nicht befohlen, daran wie an einen Glaubensartikel zu glauben. Ihr ganzer Glaube war in den Büchern des Gesetzes eingeschlossen. Die Propheten sind von den Juden nie als Gesetzgeber angesehen worden.

XV »Um die Prophezeiungen zu untersuchen, muß man sie verstehen. Denn wenn man glaubt, daß sie nur einen Sinn haben, ist es sicher, daß der Messias nicht gekommen ist; wenn sie aber zwei Sinne haben, ist es sicher, daß er in Jesus Christ gekommen ist.«

Der christliche Glaube ist so wirklich, daß er keine zweifelhaften Beweise nötig hat. Wenn etwas die Grundlagen dieses heiligen und vernünftigen Glaubens erschüttern könnte, dann diese Ansicht des Herrn Pascal. Er will, daß alles in der Schrift doppelsinnig sei; aber jeder könnte ihm sagen: Wer seinen Worten zwei Sinne geben will, will die Menschen täuschen, und diese Doppelsinnigkeit wird immer von den Gesetzen bestraft; wie können Sie also, ohne rot zu werden, an Gott eingestehen, was man an den Menschen bestraft und verachtet? Was sage ich? Mit welcher Verachtung und Empörung behandeln Sie nicht die Orakel der Heiden, weil sie zweideutig waren! Könnte man nicht viel eher sagen, daß die Prophezeiungen, die direkt Jesus Christ angehen, nur einen Sinn haben, wie jene Daniels, Michas und anderer? Könnte man nicht sogar sagen, daß, wenn wir keine Einsicht in die Prophezeiungen hätten, der Glaube darum nicht weniger erwiesen wäre?

XVI »Der unendliche Abstand zwischen Körpern und Geistern stellt den unendlich unendlicheren Abstand zwischen Geistern und Barmherzigkeit dar; denn sie ist übernatürlich.«

Es ist anzunehmen, daß Pascal in seinem Werk nicht zu diesem Wortkram gegriffen haben würde, hätte er Zeit gehabt, es zu verfassen.

XVII »Die offensichtlichsten Schwächen sind die Stärken jener, die die Dinge richtig anzufassen wissen. Zum Beispiel die beiden Genealogien des Matthäus und des Lukas. Sie sind sichtlich nicht abgestimmt worden.«

Mußten die Herausgeber der *Gedanken* Pascals diesen Gedanken drucken lassen, dessen Veröffentlichung allein vielleicht schon in der Lage ist, dem Glauben Unrecht zu tun? Zu welchem Nutzen sagen, daß diese Stammbücher, diese fundamentalen Punkte des christlichen Glaubens, gegensätzlich sind, ohne zu sagen, worin sie übereinstimmen können? Es müßte das Gegenmittel mit dem Gift gegeben werden. Was dächte man von einem Advokaten, der sagte: »Meine Partei widerspricht sich, aber diese Schwäche ist eine Stärke für jene, die die Dinge richtig anzufassen wissen«?

XVIII »Man werfe uns also nicht mehr den Mangel an Klarheit vor, da wir uns dazu bekennen; doch erkenne man die Wahrheit des Glaubens in der Verborgenheit selbst des Glaubens an, in dem bißchen Licht, das wir davon haben, und in unserer Gleichgültigkeit, ihn kennenzulernen.«

Das sind wohl eigenartige Zeichen von Wahrheit, die Pascal da anführt! Welche anderen Zeichen hat also die Lüge? Was! Es genügte, um Glauben zu finden, zu sagen: »Ich bin verborgen, ich bin unverständlich!« Es wäre vernünftiger, nichts als die Erleuchtung des Glaubens vor Augen zu führen statt diesen Nebel von Gelehrsamkeit.

XIX »Wenn es bloß einen Glauben gäbe, wäre Gott zu offensichtlich.«

Was! Sie sagen, Gott wäre zu offenbar, wenn es nur einen Glauben gäbe! Eh! Vergessen Sie, daß Sie auf jeder Seite sagen, eines Tages gäbe es nur noch einen Glauben? Nach Ihnen wäre Gott also zu offenbar.

XX »Ich sage, daß der jüdische Glaube in keinem dieser Dinge bestand, sondern allein in der Liebe zu Gott, und daß Gott alle anderen Dinge mißbilligte.«

Was! Gott mißbilligte alles, was er selbst mit so viel Sorgfalt den Juden befahl, und das mit so wunderbarer Genauigkeit! Ist es nicht wahrer zu sagen, daß das Gesetz Moses sowohl in der Liebe als auch im Gottesdienst bestand? Alles auf die Liebe zu Gott zurückzuführen hat vielleicht weniger von der Liebe zu Gott als vom Haß, den jeder Jansenist auf seinen molinistischen[14] Nächsten hat.

XXI »Das Wichtigste im Leben ist die Wahl eines Berufs; der Zufall verfügt darüber. Der Brauch macht die Maurer, Soldaten, Dachdecker.«

Wer kann denn die Soldaten, Maurer und alle mechanischen Arbeiter bestimmen, wenn nicht das, was man Zufall und Brauch nennt? Es gibt nur die Arbeiten des Geistes, zu denen man sich selbst entschließt. Aber bei den Berufen, die alle Welt ausüben kann, ist es sehr natürlich und sehr vernünftig, daß der Brauch darüber bestimmt.

XXII »Ein jeder untersuche sein Denken; er findet es stets beschäftigt mit Vergangenheit und Zukunft. Wir denken fast überhaupt nicht an die Gegenwart; und wenn wir daran denken, dann nur, um uns über die Gestaltung der

Zukunft klar zu sein. Die Gegenwart ist niemals unser Ziel; Vergangenheit und Gegenwart sind unsere Mittel; die Zukunft allein ist unser Zweck.«

Man muß, weit davon, sich zu beklagen, dem Schöpfer der Natur danken, daß er uns diesen Instinkt gibt, der uns unaufhaltsam der Zukunft näher bringt. Diese *Hoffnung* ist der wertvollste Schatz des Menschen, der uns unsere Kümmernisse mildert und der uns die zukünftigen Freuden im Besitz der gegenwärtigen Freuden ausmalt. Wenn die Menschen unglücklich genug wären, sich nur mit der Gegenwart zu beschäftigen, würde man nichts säen, nichts bauen, nichts pflanzen, keine Vorsorge treffen: Man ließe es an allem fehlen inmitten dieser falschen Freude. Konnte ein Geist wie Pascal auf einen so falschen Allgemeinplatz verfallen wie diesen? Die Natur hat festgesetzt, daß jedermann sich der Gegenwart erfreut, sich nährend und Kinder zeugend, beim Hören angenehmer Töne und beim Beschäftigen seiner Fähigkeit zu denken und zu fühlen, und daß er beim Verlassen dieser Zustände, oft sogar mitten darin, an das Morgen denkt, ohne das er heute vor Elend zugrunde gehen würde.

XXIII »Aber wenn ich näher darüber nachdachte, habe ich gefunden, daß diese Entfernung von der Ruhe, die den Menschen zu eigen ist und die es nicht zuläßt, bei sich selbst zu verharren, aus einer sehr wirksamen Ursache herrührt, nämlich aus dem natürlichen Unglück unserer schwachen und sterblichen Anlage, die so elend ist, daß nichts uns trösten kann, da nichts uns hindert, daran zu denken, und wir nur uns sehen.«

Dieser Spruch »nur uns sehen« hat überhaupt keinen Sinn.

Was ist ein Mann, der nicht handelt und von dem man annimmt, daß er sich selbst betrachtet? Ich sage nicht nur, daß dieser Mann ein der Gesellschaft unnützer Dummkopf wäre, sondern ich sage auch, daß dieser Mann nicht existieren kann: Denn über was sänne er nach? Seinen Leib, seine Füße, seine Hände, seine fünf Sinne? Entweder wäre er ein Idiot, oder er machte Gebrauch davon. Verharrte er bei der Betrachtung seiner Denkfähigkeit? Aber er kann über diese Fähigkeit nicht nachsinnen, ohne sie anzuwenden. Entweder er denkt nichts, oder er denkt an die Ideen, die ihm schon gekommen sind, oder er entwickelt neue: Er kann Ideen nur von außen haben. Da ist er also entweder mit seinen Sinnen oder mit seinen Ideen beschäftigt; da ist er folglich nach außen gewandt oder blöd.

Noch einmal, es ist der menschlichen Natur unmöglich, in dieser imaginären Benommenheit zu verharren. Der Mensch ist geboren für die Aktion, wie das Feuer nach oben strebt und der Stein nach unten. Nicht beschäftigt sein und nicht existieren ist für den Menschen dasselbe. Der ganze Unterschied besteht in den sanften oder ungestümen, in den gefährlichen oder nützlichen Beschäftigungen.

XXIV »Die Menschen haben einen geheimen Instinkt, der sie bewegt, Vergnügen und Beschäftigung im Außen zu suchen, der vom Gefühl ihres fortgesetzten Elends herrührt; und sie haben einen anderen geheimen Instinkt, der von der Größe ihrer ursprünglichen Natur geblieben ist, der sie erkennen läßt, daß das Glück tatsächlich nur in der Ruhe liegt.«

Dieser Instinkt, der das erste Prinzip und der notwendige Grundsatz der Gesellschaft ist, kommt vielmehr von der Güte Gottes und ist vielmehr ein Mittel unseres Glücks, als er das Gefühl unseres Elends ist. Ich weiß nicht, was unsere ersten Väter im irdischen Paradies taten; wenn aber jeder nur an sich gedacht hätte, wäre die Existenz der Menschheit ganz schön gefährdet gewesen. Ist es nicht abwegig zu denken, daß sie vollkommene Sinne, d. h. vollständige Instrumente zum Handeln, nur zur Betrachtung hatten? Ist es nicht spaßig, daß denkende Köpfe sich vorstellen können, die Untätigkeit sei ein Ausdruck von Größe und die Aktion eine Erniedrigung unseres Wesens?

xxv »Das ist es, warum Cineas, als er Pyrrhus sagte, der sich vornahm mit seinen Freunden die Ruhe zu genießen, nachdem er einen großen Teil der Welt erobert hatte, daß er besser täte, sein Glück selber zu machen, indem er von nun an diese Ruhe genösse, ohne es mit soviel Mühen suchen zu gehen, ihm einen Ratschlag gab, der auf so viele Schwierigkeiten stieß und der kaum vernünftiger war als die Absicht dieses jungen Ehrgeizigen. Der eine wie der andere unterstellten, daß der Mensch sich mit sich selbst und seinen gegenwärtigen Gütern zufriedengeben könnte, ohne die Leere imaginärer Hoffnungen des Herzens auszufüllen, was falsch ist. Pyrrhus konnte weder vor noch nach dem Erobern der Welt glücklich sein.«

Das Beispiel des Cineas ist gut in den Satiren Despréaux'[15], aber nicht in einem philosophischen Buch. Ein kluger König kann glücklich bei sich sein; und daß man uns Pyrrhus als Narren darstellt, will nichts über den Rest der Menschheit aussagen.

XXVI »Man muß anerkennen, daß der Mensch so unglücklich ist, daß er sich sogar ohne äußeren Anlaß zur Langeweile langweilte, allein durch die Art seiner Anlage.«

Im Gegenteil ist der Mensch in diesem Punkt so glücklich, und wir sind dem Schöpfer der Natur so verpflichtet, daß er die Langeweile mit der Untätigkeit verbunden hat, um uns damit zu zwingen, dem Nächsten und uns selbst nützlich zu sein.

XXVII »Wie kommt es, daß jener Mann, der vor kurzem seinen einzigen Sohn verloren hat und der, mit Prozessen und Streitereien überhäuft, diesen Morgen so verstört war, jetzt nicht mehr daran denkt? Seien Sie nicht erstaunt; er ist vollkommen davon beansprucht, zu sehen, wo ein Hirsch hinlaufen wird, den seine Hunde seit sechs Stunden heftig verfolgen. Mehr braucht es nicht für den Menschen, wie voll er auch sei von Traurigkeit. Wenn man ihm abgewinnen kann, sich in einer Ablenkung zu verlieren, siehe da, wie er während dieser Zeit glücklich ist.«

Dieser Mann hält es wunderbar: Die Ablenkung ist ein sichereres Mittel gegen das Leid als die Chinarinde gegen das Fieber; tadeln wir nicht die Natur, die stets bereit ist, uns zu helfen.

XXVIII »Man stelle sich eine Anzahl von gefesselten Menschen vor, alle zum Tode verurteilt: Täglich werden welche vor den Augen der anderen getötet, die übrigbleibenden erkennen das ihnen bevorstehende Schicksal in dem ihrer Genossen, und, voller Schmerz und ohne Hoffnung einander betrachtend, warten sie ab, bis sie an der Reihe sind. Das ist das Bild des Schicksals des Menschen.«

Dieser Vergleich stimmt ganz sicher nicht: Die Unglücklichen in Ketten, die man einen nach dem anderen tötet, sind unglücklich, nicht nur weil sie leiden, sondern auch weil sie fühlen, daß die anderen nicht leiden. Das natürliche Schicksal eines Menschen ist weder in Ketten zu liegen noch getötet zu werden; sondern alle Menschen sind geschaffen, wie die Tiere und die Pflanzen, um zu wachsen, eine bestimmte Zeit zu leben, ihre Artgenossen hervorzubringen und zu sterben. In einer Satire kann man, so viel man will, den Menschen von seiner schlechten Seite zeigen; aber mit einem bißchen angewandter Vernunft wird man einräumen, daß von allen Wesen der Mensch das vollkommenste und glücklichste ist und dasjenige, das am längsten lebt. Statt zu erstaunen und uns zu beschweren über das Unglück und die Kürze des Lebens, sollten wir erstaunen und uns beglückwünschen für unser Glück und seine Dauer. Um nur als Philosoph zu sprechen, wage ich zu sagen, daß es einigen Hochmut und Vermessenheit hat, zu behaupten, unserem Wesen nach sollten wir besser sein, als wir sind.

XXIX »Die Weisen unter den Heiden, die gesagt haben, es gebe nur einen Gott, sind verfolgt worden, die Juden gehaßt, die Christen noch mehr.«

Sie sind manchmal verfolgt worden, genauso wie es

heute ein Mann sein würde, der einen Gottesdienst predigen käme, der unabhängig ist vom angenommenen. Sokrates[16] ist nicht dafür verurteilt worden, daß er gesagt hat: »Es gibt nur einen Gott«, sondern weil er sich gegen den äußerlichen Gottesdienst des Landes erhoben hat und weil er sich sehr ungeschickt Mächtige zu Feinden gemacht hat. Was die Juden betrifft, so wurden sie nicht gehaßt, weil sie nur an einen Gott glaubten, sondern weil sie auf lächerliche Art die anderen Völker haßten, weil dies Barbaren waren, die ohne Gnade ihre besiegten Feinde massakrierten, und weil dieses niederträchtige Volk, abergläubisch, unwissend, ohne Handwerk und Handel, die gesitteten Völker verachtete. Was die Christen angeht, so wurden sie von den Heiden gehaßt, weil sie beabsichtigten, Glaube und Reich zu zerschlagen, was sie schließlich durchführten, wie die Protestanten Herren derselben Länder geworden sind, in denen sie lange Zeit gehaßt, verfolgt und massakriert wurden.

XXX »Die Fehler Montaignes[17] sind groß. Er ist voll von unflätigen und anstößigen Worten. Das ist nichts wert. Seine Ansichten über Selbstmord und Tod sind gräßlich.«

Montaigne spricht als Philosoph, nicht als Christ: Er nennt Für und Wider des Selbstmords. Welchen Schaden verursacht, philosophisch gesprochen, ein Mann der Gesellschaft, der sie verläßt, wenn er ihr nicht mehr dienen kann? Ein Greis ist steinkrank und leidet unerträgliche Schmerzen; man sagt ihm: »Wenn Sie sich den Stein nicht schneiden lassen, werden Sie sterben; wenn man ihn Ihnen schneidet, können Sie noch ein Jahr lang auf Ihre und anderer Kosten dummes Zeug reden, sabbern und dahinsiechen.« Ich nehme an, daß der gute Mann dafürhalten wird, niemandem mehr zur Last zu fallen: so ungefähr der Fall, den Montaigne darstellt.

XXXI »Wie viele Sterne haben uns die Gläser entdeckt, die es für unsere Philosophen von früher gar nicht gab? Man griff kühn die Schrift an wegen dessen, was man dort an so vielen Stellen über die große Anzahl der Sterne findet. Es gibt davon bloß 1022, sagte man; wir wissen es.«

Es ist sicher, daß die Heilige Schrift, was die Physik angeht, sich immer nach den allgemein anerkannten Vorstellungen gerichtet hat; so nimmt sie an, daß die Erde unbewegt ist, daß die Sonne wandert usw. Es ist keine astronomische Spitzfindigkeit, daß sie sagt, die Sterne seien unzählbar, sondern entspricht den üblichen Vorstellungen. Tatsächlich, obwohl unser Blick nur ca. 1022 Sterne entdeckte, glaubt das geblendete Auge indessen, wenn man den Himmel starr betrachtet, eine Unendlichkeit davon zu sehen. Die Schrift spricht hier also gemäß dem völkischen Vorurteil, denn sie ist uns nicht gegeben, Physiker aus uns zu machen; und es hat allen Anschein, daß Gott weder Habakuk[18] noch Baruch[19] noch Micha[20] geoffenbart hat, daß eines Tages ein Engländer namens Flamstead[21] mehr als 7000 im Teleskop wahrgenommene Sterne in seinen Katalog setzen würde.

XXXII »Ist es mutig für einen Sterbenden, in Schwäche und Todeskampf herzugehen und einem allmächtigen und ewigen Gott die Stirn zu bieten?«

Das ist niemals vorgekommen; und es kann nur in einer sehr gewaltigen Erregung sein, daß ein Mann sagt: »Ich glaube an einen Gott, und ich trotze ihm.«

XXXIII »Ich glaube gerne die Geschichten, deren Zeugen sich töten lassen.«

Die Schwierigkeit ist nicht nur, zu wissen, ob man Zeugen glauben wird, die sterben, um ihre Aussage aufrechtzuerhalten, wie es so viele Fanatiker getan haben, sondern auch, ob diese Zeugen wirklich dafür gestorben sind, ob man ihre Aussagen aufbewahrt hat, ob sie in dem Land gelebt haben, wo man sagt, daß sie gestorben seien. Warum hat Joseph, geboren zur Zeit des Todes Christi, Joseph, der Feind des Herodes, der dem Judentum so wenig verbundene Joseph, nicht ein Wort darüber verloren? Das ist's, was Herr Pascal mit Erfolg hätte erklären können, wie es seither so viele beredte Schriftsteller getan haben.

XXXIV »Die Wissensmöglichkeiten haben zwei Extrempunkte, die sich berühren. Der erste ist die reine, natürliche Unwissenheit, in der sich alle Menschen bei ihrer Geburt befinden; der andere ist jener, bei dem die großen Seelen anlangen, die, nachdem sie alles durchlaufen haben, was die Menschen wissen können, einsehen, daß sie nichts wissen, und die sich in der gleichen Unwissenheit wiederfinden, von der sie ausgegangen waren.«

Dieser Gedanke ist ein reiner Sophismus; und die Falschheit besteht im Wort *Unwissenheit*, das man in zwei verschiedenen Bedeutungen nimmt. Wer weder lesen noch schreiben kann, ist unwissend; aber ein Mathematiker ist nicht auf derselben Stufe von Unwissenheit für das Nichtkennen der verborgenen Prinzipien der Natur, wie er war, als er begann, lesen zu lernen. Newton[22] wußte nicht, warum ein Mensch seinen Arm bewegt, wenn er es will; aber er war darum im übrigen nicht weniger wissend. Wer kein Hebräisch kann, aber Latein, ist wissend im Vergleich zu dem, der bloß Französisch spricht.

XXXV »Glücklich sein heißt nicht, durch Zerstreuung erfreut werden können; denn sie kommt woanders her und von außen; daher ist sie abhängig und folglich in steter Gefahr, durch tausend Zufälle, die die Bekümmernisse unvermeidlich machen, gestört zu werden.«

Der ist wirklich glücklich, der Freude hat, und diese Freude kann nur von außen kommen. Wir können Gefühle und Ideen nur von außen befindlichen Dingen haben, wie wir unseren Körper nur nähren können, indem wir fremde Substanzen hineintreten lassen, die sich zur unseren umwandeln.

XXXVI »Der extreme Geist wird des Wahnsinns angeklagt, ebenso der extreme Mangel daran. Nichts gilt als gut als das Mittelmaß.«

Es ist nicht der äußerste Geist, sondern die äußerste Leibhaftigkeit und Beweglichkeit, die man des Wahnsinns beschuldigt. Der äußerste Geist ist äußerste Gerechtigkeit, Feinheit und Reichweite, dem Wahnsinn genau entgegengesetzt.

Der äußerste *Mangel an Geist* ist ein Mangel an Konzeption, eine Ideenleere; das ist nicht Wahnsinn, sondern

Dummheit. Der Wahnsinn ist eine Störung in den Organen, die mehrere Gegenstände zu schnell sehen läßt, oder die die Vorstellungskraft über einem einzigen mit zuviel Zuwendung und Macht anhält. Es ist auch nicht das Mittelmaß, das als gut gilt, sondern die Entfernung von beiden entgegengesetzten Lastern, was man *richtige Mitte* nennt, und nicht *Mittelmaß*.

XXXVII »Wenn unser Schicksal wirklich glücklich wäre, bräuchten wir uns nicht vom Gedanken daran abzulenken.«

Wir sind ganz genau dazu geschaffen, an äußere Gegenstände zu denken, zu denen wir in einem notwendigen Verhältnis stehen. Es ist falsch, daß man einen Menschen damit unterhalten kann, an das Schicksal des Menschen zu denken; denn auf was er seinen Geist auch richtet, er richtet ihn auf etwas, das notwendig der Anlage des Menschen verbunden ist; und noch einmal, an sich zu denken unter Abstraktion der natürlichen Dinge, das ist an gar nichts denken, man nehme sich da bloß in acht.

Weit entfernt, einen Menschen zu hindern, an seine Lage zu denken, unterhält man ihn nie anders als mit den Annehmlichkeiten seiner Lage. Man spricht zu einem Gebildeten von Ruf und Wissenschaft; zu einem Fürst von dem, was mit seiner Größe in Zusammenhang steht; zu jedem spricht man von Vergnügen.

XXXVIII »Die Großen und die Kleinen haben dieselben Zufälle, Zerwürfnisse und Leidenschaften. Aber die einen stehen am Rande des Rades, und die anderen mehr bei der Mitte und werden so weniger bewegt von denselben Bewegungen.«

Es ist falsch, daß die Kleinen weniger bewegt werden als die Großen; im Gegenteil, ihre Verzweiflung ist um so lebhafter, als sie weniger Hilfe haben. Von hundert Leuten, die sich in London töten, sind 99 aus dem niederen Volk, und kaum einer von klarem Wesen. Der Vergleich des Rades ist spitzfindig und falsch.

XXXIX »Man bringt den Menschen nicht bei, ehrlich zu sein, und man bringt ihnen den ganzen Rest bei; und dabei bilden sie sich auf nichts soviel ein wie darauf. So brüsten sie sich mit der einzigen Sache, die sie nicht lernen.«

Man lehrt die Menschen, ehrlich zu sein, und ohne das kämen nur wenige dazu, es zu sein. Lassen Sie Ihren Sohn in seiner Kindheit alles nehmen, was ihm unter die Finger kommt, mit fünfzehn stiehlt er in großem Stil; loben Sie ihn für eine Lüge, er wird falscher Zeuge; schmeicheln Sie seiner Sinnenlust, er wird sicherlich ein Lüstling. Man lehrt die Menschen alles, Tugend und Glaube.

XL »Die dumme Absicht, die Montaigne hatte, sich darzustellen! Und das nicht unter Übergehen seiner Grundsätze und gegen sie, wie es aller Welt unterlaufen kann, sondern mit eigenem Grundsatz und einer erstrangigen und hauptsächlichen Absicht; denn Dummheiten aus Zufall und Schwäche zu reden, ist ein gewöhnliches Übel; aber absichtlich welche zu reden, und solche wie diese da, das ist nicht ertragbar.«

Diese bezaubernde Absicht, die Montaigne hatte, sich naiv darzustellen, wie er es getan hat! Denn er hat die menschliche Natur dargestellt; und diese armselige Absicht von Nicole[23], Malebranche[24] und Pascal, Montaigne zu verschreien!

XLI »Als ich bedachte, woher es kommt, daß man so vielen Betrügern so viel Glauben schenkt, die sagen, daß sie Heilmittel haben, bis zu dem Punkt, sein Leben in ihre Hände zu legen, erschien es mir, daß der wirkliche Grund darin liegt, daß es wirkliche Heilmittel gibt; denn es wäre nicht möglich, daß es so viele falsche gäbe, und daß man ihnen so viel Glauben schenkte, wenn es keine wirklichen gäbe. Wenn es niemals welche gegeben hätte und alle Übel unheilbar gewesen wären, dann ist es unmöglich, daß die Menschen sich vorgestellt haben, welche geben zu können, und noch mehr, daß so viele andere denen Glauben geschenkt haben, die sich rühmten, welche zu haben. Genauso glaubte niemand einem Mann, der sich rühmte, das Sterben zu verhindern, weil es dafür kein Beispiel gibt. Da es aber eine Anzahl Heilmittel gibt, die sich selbst in der Kenntnis der größten Menschen als wahr herausstellten, hat sich die Gläubigkeit der Menschen hier gebeugt, weil nachdem die Sache nicht im allgemeinen widerlegt werden kann (da es einzelne Wirkungen gibt, die wirklich sind), glaubt das Volk, das nicht die wirklichen unter den Einzelwirkungen unterscheiden kann, an sie alle. Ebenso glaubt man an so viele falsche Effekte des Mondes, weil es wirkliche gibt, wie die Gezeiten des Meeres.

So erscheint es mir genauso klar, daß es so viele falsche

Wunder, falsche Offenbarungen und Zauber gibt, weil es wirkliche gibt.«

Mir scheint, daß die menschliche Natur nicht des Wahren bedarf, um aufs Falsche zu verfallen. Man hat dem Mond so viele falsche Einflüsse unterstellt, bevor man sich die geringste wirkliche Beziehung zu den Gezeiten des Meeres vorstellte. Der erste Mensch, der krank war, hat sicherlich dem ersten Quacksalber geglaubt. Niemand hat Werwölfe oder Hexen gesehen, und viele haben daran geglaubt. Niemand hat die Umwandlung der Metalle gesehen, und mehrere sind ruiniert worden vom Glauben an den Stein der Weisen. Glaubten die Römer, die Griechen und alle Heiden also nur an die falschen Mirakel, mit denen sie überschüttet wurden, weil sie solche wirklich gesehen hatten?

XLII »Der Hafen ist der Beziehungspunkt für diejenigen, die in einem Schiffe sind; wo aber finden wir diesen Punkt in der Moral?«

Allein in dem Grundsatz, der allen Völkern gemein ist:

»Füge nicht dem andern zu, was du nicht willst, das man dir tu'.«

XLIII »Ferox gens nullam esse vitam sine armis putat[25]. Sie mögen den Tod lieber als das Leben; die anderen mögen den Tod lieber als den Krieg. Alle Meinung kann dem Leben vorgezogen werden, das anscheinend von Natur aus so sehr geliebt wird.« Das hat Tacitus[26] von den Katalanen gesagt, aber es gibt keins, von dem man gesagt hätte oder sagen könnte: »Es mag den Tod lieber als den Krieg.«

XLIV »In dem Maße, in dem man geistreich ist, findet man die Menschen originell. Die gemeinen Menschen sehen keinen Unterschied unter den Menschen.«

Es gibt sehr wenige wirklich originelle Menschen; fast alle beherrschen sich, denken und fühlen unter dem Einfluß von Brauch und Erziehung: nichts ist so selten wie ein Geist, der einen neuen Weg beschreitet; aber in der Menge Menschen, die zusammen gehen, hat jeder seine kleinen Unterschiede im Gehen, die feinfühlige Blicke wahrnehmen.

XLV »Es gibt also zwei Sorten von Geist, einer, der lebhaft und tief zu den Folgen der Prinzipien vordringt, das ist der genaue Geist; der andere begreift eine große Anzahl von Prinzipien, ohne sie durcheinanderzubringen, das ist der geometrische Geist.«

Heutzutage will der Sprachgebrauch, glaube ich, daß man den methodischen und konsequenten Geist einen *geometrischen Geist* nennt.

XLVI »Der Tod ist leichter zu ertragen, ohne daran zu denken, als der gefahrlose Gedanke an den Tod.«

Man kann nicht sagen, daß ein Mensch den Tod froh oder betrübt ertrage, wenn er gar nicht daran denkt. Wer nichts spürt, erträgt auch nichts.

XLVII »Wir nehmen an, daß alle Menschen die Dinge, die sich ihnen bieten, auf die gleiche Weise auffassen und empfinden; aber wir nehmen es ganz willkürlich an; denn wir haben keinen Beweis dafür. Wohl sehe ich, daß man die gleichen Worte bei den gleichen Gelegenheiten anwendet, und daß jedesmal, wenn beispielsweise zwei Menschen Schnee sehen, alle beide den Anblick dieses Gegenstandes mit denselben Worten ausdrücken, indem beide sagen, daß er weiß ist; und aus dieser Gleichförmigkeit der Anwendung leitet man die maßgebliche Vermutung einer Gleichförmigkeit der Vorstellungen ab. Aber das ist nicht unbedingt überzeugend, obwohl man auf die Richtigkeit wetten könnte.«

Es war nicht die weiße Farbe, die es als Beweis zu nehmen galt. Das Weiß, das die Vereinigung aller Strahlen ist, erscheint jedem klar, blendet ein bißchen auf die Dauer und hat auf alle Augen dieselbe Wirkung; aber man könnte sagen, daß die anderen Farben vielleicht nicht von allen Augen in der gleichen Weise wahrgenommen werden.

XLVIII »Unser ganzes Überlegen beschränkt sich darauf, dem Gefühl nachzugeben.«

Unser Überlegen beschränkt sich in Geschmacksdingen aufs Gefühl, nicht bei Dingen der Wissenschaft.

XLIX »Die ein Werk nach Regeln beurteilen, verhalten sich gegenüber den anderen wie die, die eine Uhr haben, gegenüber denen, die keine haben.

Der eine sagt: ›Wir sind jetzt zwei Stunden hier.‹ Der andere sagt: ›Es sind erst drei Viertelstunden.‹ Ich sehe auf meine Uhr und sage dem einen: ›Sie langweilen sich‹; und dem anderen: ›Die Zeit vergeht Ihnen kaum!‹«

In Werken von Geschmack, in Musik, Poesie, Malerei

ist es der Geschmack, der den Platz der Uhr einnimmt; und wer darüber nur nach Regeln urteilt, urteilt schlecht.

L »Cäsar[27] war zu alt, scheint mir, um sich mit der Eroberung der Welt zu amüsieren. Dieses Vergnügen war gut für Alexander, er war ein junger Mann, dem halt zu gebieten schwer war; aber Cäsar mußte reifer sein.«

Man stellt sich normalerweise vor, Alexander und Cäsar seien von zu Hause aufgebrochen, um die Erde zu erobern; dem ist nicht so: Alexander folgte Philipp in der Generalität Griechenlands, und er wurde beauftragt mit dem gerechten Unternehmen, die Griechen für das Unrecht des persischen Königs zu rächen: Er schlug den gemeinsamen Feind und setzte seine Eroberungen bis Indien fort, weil sich das Königreich des Darius bis nach Indien ausdehnte; genauso, wie der Herzog von Marlborough[29] bis Lyon vorgedrungen wäre ohne den Marschall von Villars[30].

Was Cäsar betrifft, so war er einer der Ersten der Republik. Er stritt sich mit Pompejus[31] wie die Jansenisten mit den Molinisten; und damals lag es an dem, der sich verschliß. Eine einzige Schlacht, in der es nicht 10 000 Tote gab, entschied alles.

Im übrigen ist der Gedanke Pascals in jeder Beziehung falsch. Es bedurfte der Reife Cäsars, sich aus so vielen Intrigen herauszuhalten; und es ist erstaunlich, daß Alexander in seinem Alter aufs Vergnügen verzichtet haben soll für einen so unangenehmen Krieg.

LI »Der Gedanke ist spaßig, daß es Leute gibt auf der Welt, die, nachdem sie auf alle Gesetze Gottes und der Natur verzichtet haben, sich selber welche gemacht haben, denen sie genau folgen, wie z. B. die Diebe usw.«

Dieser Gedanke ist noch viel nützlicher als spaßig; denn das beweist, daß keine Gesellschaft von Menschen ohne Regeln einen Tag bestehen kann.

LII »Der Mensch ist weder Engel noch Tier: und das Unglück will es, daß wer Engel sein will, Tier ist.«

Wer die Leidenschaften zerstören will, statt sie zu lenken, will Engel sein.

LIII »Ein Pferd sucht nicht, sich von seinem Genossen bewundern zu lassen: man sieht bei ihnen wohl eine Art Wetteifer beim Laufen, aber das bleibt ohne Folge; denn im Stall überläßt das schwerste und schlechtest bestellte dafür nicht seinen Hafer dem anderen. Dem ist nicht so unter den Menschen: ihre Tugend gibt sich nicht mit sich selbst zufrieden; und sie sind unzufrieden, wenn sie daraus keinen Vorteil gegenüber den anderen ziehen können.«

Der schlechtest bestellte Mensch tritt sein Brot dem andern auch nicht ab, sondern der Stärkere entreißt es dem Schwächeren; sowohl bei den Tieren wie bei den Menschen fressen die Großen die Kleinen.

LIV »Wenn der Mensch sich an erster Stelle selbst studieren würde, könnte er sehen, wie unfähig er ist, über sich hinauszukommen. Wie sollte ein Teil das Ganze erkennen? Aber trachtet er vielleicht danach, wenigstens die Teile zu erkennen, zu denen er im Verhältnis steht? Die Teile der Welt haben jedoch eine solche Beziehung und Verkettung miteinander, daß ich es für unmöglich halte, das eine ohne das andere und ohne das Ganze zu erkennen.«

Man sollte den Menschen nicht abhalten zu suchen, was ihm nützlich ist, mit der Überlegung, daß er nicht alles kennen kann.

Non possis oculo quantum contendere Lynceus,
non tamen idcirco contemnas lippus inungi[32].

Wir kennen viele Wahrheiten; wir haben viele nützliche Erfindungen gemacht. Trösten wir uns darüber hinweg, daß wir nicht die Beziehungen kennen, die zwischen einer Spinne und dem Ring des Saturn bestehen können, und setzen wir fort zu untersuchen, was in unseren Kräften steht.

LV »Wenn der Blitz in niedere Gefilde schlüge, fehlten den Dichtern und denen, die nur über die Dinge dieser Natur nachdenken können, die Beweise.«

Ein Vergleich ist weder in Poesie noch in Prosa ein Beweis: er dient in der Poesie der Verschönerung, und in der Prosa der Erklärung der Dinge, und um sie augenscheinlicher zu machen. Die Dichter, die die Mißgeschicke der Großen mit dem Blitz verglichen haben, der die Berge trifft, würden umgekehrte Vergleiche anstellen, wenn das Gegenteil einträte.

LVI »Es ist diese Zusammensetzung aus Geist und Körper, die bewirkt hat, daß fast alle Philosophen Vorstellungen und Dinge verwechselt haben, und daß sie den Körpern zugeschrieben haben, was der Geister ist, und den Geistern, was nur zu den Körpern paßt.«

Wenn wir wüßten, was »Geist« ist, könnten wir uns beklagen über das, was die Philosophen ihm zugeschrieben haben und was nicht seins ist; aber wir kennen weder den Geist noch den Leib; wir haben keine Vorstellung vom einen, und wir haben nur sehr unvollkommene Vorstellungen vom anderen. Also können wir nicht wissen, welches ihre Grenzen sind.

LVII »Wie man *poetische Schönheit* sagt, sollte man auch *geometrische Schönheit* und *medizinische Schönheit* sagen. Indes sagt man es nicht; und der Grund dafür ist, daß man sehr wohl weiß, was der Gegenstand der Geometrie ist und was der Gegenstand der Medizin ist, aber man weiß nicht, woraus die Anmut besteht, die Gegenstand der Poesie ist. Man weiß nicht, was das Vorbild der Natur ist, das es nachzuahmen gilt; und mangels dieser Kenntnis hat man bestimmte merkwürdige Begriffe eingeführt: *goldenes Jahrhundert, Wunder unserer Tage, fataler Lorbeer, schöner Stern* etc.; und man nennt diesen Jargon poetische Schönheit. Wer sich aber eine nach diesem Modell gekleidete Frau vorstellt, der wird ein völlig mit Spiegeln und Messingketten bedecktes Fräulein sehen.«

Das ist sehr verkehrt: man darf weder *geometrische Schönheit* noch *medizinische Schönheit* sagen, weil ein Lehrsatz und eine Heilung die Sinne nicht angenehm berühren, und weil man das Wort *Schönheit* nur den Dingen verleiht, die die Sinne bezaubern, wie die Musik, die Malerei, die Beredsamkeit, die Dichtung, die regelmäßige Architektur etc.

Der von Pascal dargelegte Grund ist ganz genauso

falsch. Man weiß sehr gut, woraus der Gegenstand der Dichtung besteht; mit Kraft, Klarheit, Empfindsamkeit und Harmonie zu malen; die Dichtung ist harmonische Beredsamkeit. Pascal muß recht wenig Geschmack gehabt haben, um zu sagen, daß *fataler Lorbeer, schöner Stern* und andere Dummheiten dichterische Schönheiten seien; und die Verleger dieser *Gedanken* müssen in der Literatur sehr unbewandert gewesen sein, um eine ihrem Urheber so unwürdige Überlegung zu drucken.

Ich schicke Ihnen nicht meine anderen Bemerkungen über die *Pensées* des Herrn Pascal, da sie in zu lange Diskussionen verwickeln würden. Es soll genügen, einige Flüchtigkeitsfehler bei diesem großen Geiste wahrzunehmen geglaubt zu haben; es ist einem so bescheidenen Geiste wie dem meinen ein Trost, recht überzeugt zu sein, daß die größten Männer sich täuschen können wie der Gemeine.

1 Blaise Pascal (1623–1662), französischer Philosoph, Mystiker und Mathematiker. Begründer der Wahrscheinlichkeitsrechnung. Griff als Jansenist in seinen *Lettres provinciales* (1657) die Jesuiten an wegen ihres Probabilismus, der eine Umgehung der Gebote der Evangelien ermöglichte. Sein Denken mündet – mit den *Pensées de M. Pascal* – Gedanken des Herrn Pascal, postum 1669 – in eine Mystik der Hingabe an Gott.
2 Ezechias = Hiskia, König von Juda von 724–699 v. Chr. Verbündet sich mit den Ägyptern gegen Assyrien. Unterstützt den Propheten Jesaia im Kampf gegen den Götzendienst seiner Vorgänger, darunter auch Salomo.
3 Aristoteles vgl. Brief XIII.
4 Mohammed vgl. Brief VII.
5 Sybarit = Schlemmer, Weichling.
6 Philon von Alexandria (ca. 25 v. Chr.–50 n. Chr.), jüdisch-griechischer Philosoph. Erklärte das jüdische Gesetz für ein allen Menschen gültiges Naturgesetz.
7 Josephus Flavius (38–100), jüdischer Geschichtsschreiber. Verfaßte eine Schrift *Über das Alter der Juden*, auch als *Gegen Apion* bekannt, zur Verteidigung der Juden gegen judenfeindliche Schriften.
8 Apion (um Christi Geburt), griechischer Redner, Judenfeind.
9 Homer vgl. Brief XVIII.

10 Minos: sagenumwobener König von Kreta, Sohn des Zeus und der Europa.
11 Hesiod (um 700 v. Chr.), griechischer Epiker.
12 Schlachtorte im Spanischen Erbfolgekrieg: Bei Höchstädt (vgl. Brief XIX) und Ramillies (bei Namur/Belgien; 1706) waren die Franzosen unterlegen, bei Denain siegten sie 1712 unter Villars.
13 Dekalog = Zehn Gebote.
14 Begründet von Luis de Molina (1535–1600). Eine vom Thomismus abweichende, von der Kirche aber tolerierte Gnadenlehre, wonach die Handlung des Menschen nur der begleitenden (indifferenten), nicht aber der vorausbestimmenden Mitwirkung Gottes bedarf.
15 Boileau vgl. Brief XIII.
16 Sokrates vgl. Brief XIII.
17 Montaigne vgl. Brief XII.
18 Habakuk: prophetischer Visionär um 620 v. Chr.
19 Baruch: Freund und Schreiber des Propheten Jeremias.
20 Micha: einer der Propheten im Alten Testament.
21 John Flamstead (1646–1719), englischer Astronom, schuf das erste moderne Fixsternverzeichnis.
22 Newton vgl. Brief VII.
23 Pierre de Nicole (1625–1695), Jansenist.
24 Malebranche vgl. Brief II.
25 Ferox gens…: Ein wildes Volk glaubt, ohne Waffen sei das Leben nichts wert.
26 Tacitus vgl. Brief XXII.
27 Cäsar vgl. Brief VIII.
28 Alexander vgl. Brief VI.
29 Marlborough vgl. Brief XII.
30 Louis Hector Herzog von Villars (1653–1734), Pair und Marschall von Frankreich, erringt 1712 entscheidenden Sieg bei Denain im Spanischen Erbfolgekrieg.
31 Pompejus vgl. Brief VIII.
32 Non possis…: Du hast nicht des Lynkeus' Luchsauge und bist dennoch kein dürftiges Triefauge.

Rudolf von Bitter

Nachwort

Zur Abfassung der *Philosophischen Briefe* hat es eines äußeren Anlasses bedurft. Hätte der 32jährige Voltaire sich nicht in der Zwangslage befunden, entweder in der Bastille sitzen zu bleiben oder aber ins Ausland ins Exil zu gehen, wäre es vielleicht gar nicht zu diesen Briefen gekommen. Ein zweiter Grund, warum er diese *Briefe über die englische Nation* geschrieben hat, wie sie ursprünglich hießen, war die Kontaktarmut zwischen England und Frankreich und die Unkenntnis voneinander. Der Ideenaustausch zwischen den beiden Ländern war nämlich minimal zu Beginn des 18. Jahrhunderts, und England zu kennen nur einigen wenigen der größeren Köpfe des französischen Geisteslebens vorbehalten. Zum Beispiel Saint-Evremond, der 1661 ins Exil nach England ging, und Paul de Rapin-Thoyras, der in seiner *Histoire d'Angleterre (Geschichte Englands)* von 1724 sehr deutlich gegen Frankreich Partei ergreift, und an dessen Haltung sich teilweise auch Voltaires *Philosophische Briefe* orientieren. Für das mangelnde Wissen über England gibt es Gründe. Frankreich galt als der Mittelpunkt des geistigen Lebens schlechthin, alles andere war peripher. Schließlich konnte man hier zurückblicken auf ein Jahrhundert großen kulturellen Reichtums: Pierre Corneille und Jean Racine galten bereits zu Lebzeiten als Klassiker der Tragödie, Molières Komödien wurden bis weit ins 18. Jahrhundert hinein als Vorbilder angesehen, in seinem *Art poétique* faßte Boileau die für die französische Klassik gültigen Regeln zusammen, die zum großen Teil denen entsprechen, die Aristoteles in seiner *Poetik* und Horaz in seiner *Ars poetica* aufgestellt hatten.

Von diesem Reichtum hatte Voltaire allerhand mitbekommen. Zunächst hieß er noch François-Marie Arouet l. j. (= le jeune), als der er 1694 zur Welt gekommen war. Er war der zweite Sohn eines Königlichen Notars, der für ihn eine juristische Karriere vorgesehen hatte. Zuvor kam er in den Genuß einer hervorragenden literarischen Bildung im jesuitischen Gymnasium Louis-le-Grand in Paris, wo er mit den verwöhnten Söhnen der großen Familien zusammenkam, so mit einem Großneffen Richelieus und zwei Brüdern d'Argenson, die später Minister wurden und dabei ihren Einfluß auch zugunsten des späteren Voltaire geltend machten. Das großartige Auftreten der adeligen Schulgenossen entfachte im Bürgersohn Arouet einen nicht unerheblichen Ehrgeiz und eine gewisse Ruhmsucht, die zur Aneignung eines Adelstitels führen sollte.

Nach seiner Schulzeit wollte er Schriftsteller werden, da er aber noch nicht Gelegenheit gehabt hatte, sein Talent unter Beweis zu stellen, war er mit dem vom Vater verordneten Rechtsstudium zunächst einverstanden. Während dieser Zeit wurde er von seinem Paten, dem Abbé de Chateauneuf, in die *société du temple* eingeführt, einer elitären Gesellschaft von Freigeistern. Dort vergnügte man sich mit leichten Gedichten im Stil Anakreons, kritisierte aber auch Gesellschaft, Politik und Kirche, wobei sich besonders der verhältnismäßig jugendliche Sohn Arouet hervortat mit unverhohlener Kritik und ungeniertem Spott.

Seine Jugend stand im Zeichen Ludwigs XIV., der Frankreich nach der Größe des 17. Jahrhunderts mit erschöpfenden Kriegen, der Vertreibung der (dem Staat eigentlich nützlichen) Protestanten und einer ungeschickten Finanzpolitik an den Rand des Ruins gebracht hatte. Vor allem die Bauern und die Aristokraten waren unzufrieden. Die einen, weil die Lebensmittelpreise gedrückt und die Exporte besteuert wurden, die anderen, weil sie nicht mehr unabhängig waren, sondern Höflinge. Ludwig XIV. selber verbrachte seine letzten Jahre in einem Klima von Langeweile und Heuchelei bei Hofe mit der frömmelnden Madame de Maintenon. So war eine Gesellschaft wie die des *temple*, in der man in Ruhe seinen Spott über König und Kirche treiben konnte, natürlich gut besucht.

Nach dem Tod Ludwigs XIV., 1715, beginnt die Regentschaft von Philippe d'Orléans, die sich durch mehr Freizügigkeit im politischen Leben auszeichnete, und auch die Verfolgungen Andersgläubiger ließen nach. Der Krieg 1718 gegen Spanien ist nennenswert, innenpolitisch verdient das Finanzsystem des Schotten Law Beachtung, der die Finanzen mittels Notendruck zu kurieren suchte, was nach zwei Jahren zum völligen Staatsruin führte.

Unter dem Regenten wurde Watteau Hofmaler; und unter anderem fand der Regent auch Geschmack an des jungen Arouet spöttischen Gedichten und satirischen Verserzählungen, deren Objekt meistens Zeitgenossen waren.

Arouet-Vater liebte diese Beziehungen zu den *libertins*,

den Freigeistern, überhaupt nicht und schickte seinen Sohn mit dem Bruder des Abbé de Chateauneuf nach Den Haag. Weil sein Sohn sich dort aber unter großem Aufsehen in die Tochter einer geflohenen Hugenottin verliebte, wurde er bald nach Frankreich zurückgeschickt. Der Vater wollte ihn enterben, ihn festnehmen und nach Amerika deportieren lassen. Der Sohn zeigte Reue und ließ sich zur Ausbildung zum Advokaten Alain schicken. Bei diesem lernte er nicht nur Claude Thiériot kennen, der ihm später sehr nützliche Handlangerdienste leisten sollte, sondern er erlangte auch Kenntnisse über Finanzfragen und das Führen von Prozessen.

Ein bevorzugtes Thema der zeitgenössischen Satiren und Schmähschriften waren die Liebeshändel des Regenten, dem man ein inzestuöses Verhältnis mit seiner Tochter, der Duchesse de Berry, nachsagte. Eine Folge dieses Verhältnisses soll – gemäß einem gegen 1717 aufgekommenen Gerücht – ein Kind gewesen sein. Einige Verse darüber schrieb man Arouet-Sohn zu. Er wurde aus Paris verbannt. Sein Domizil, den Landsitz des Herzogs von Sully, durfte er selber wählen – eine bemerkenswert milde Strafe. Um die Gnade des Regenten zurückzuerlangen, schrieb er ihm einen devoten Brief voll Schmeicheleien wie, daß der Regent ein Liebling der Götter sei.

Kaum zurück, beleidigt Arouet l. j. den Regenten und seine Tochter so frech, daß er von einem Spitzel angezeigt und in die Bastille gesteckt wird.

Nach dem vergleichsweise kurzen Zeitraum von elf Monaten kann er aufgrund der Fürsprache des Herzogs von Sully die Bastille verlassen. Da er nicht zum Advokaten zurückkehren will, beschließt er, Hofdichter zu werden und sich zu beteiligen am Wettstreit der Dichter, wer den großen Klassikern des vorhergegangenen Jahrhunderts der würdigste Nachfolger sei. Er bietet sein Drama *Oedipe*, das er in der Bastille fast beendet hatte, der Comédie Française an. Der Regent wollte zwar das Produkt eines soeben aus der Bastille Entlassenen nicht fördern, erschien aber zur Premiere, wo das Stück weniger aufgrund seiner dramatischen Qualitäten einen beachtlichen Erfolg hatte, als wegen seiner Anspielungen und seiner versteckten Angriffe auf den Klerus. Während der fünfundzwanzig Aufführungen war es eine besondere Attraktion, wenn der Autor die Schleppe des Hohepriesters trug und dem Publikum Grimassen schnitt. Dieser *Oedipus* war nicht nur ein großer Erfolg, trug er dem Autor doch ein vom Regenten zugestandenes Jahresgehalt von 1200 Livres ein, sondern war auch das erste mit »Monsieur de Voltaire« gezeichnete Werk, einem Anagramm aus Arouet l. j. mit Adelstitel.

1723, dem Jahr einer Pockenepidemie in Paris, an der auch Voltaire erkrankt, vollendet er *La Ligue*, aus der später die im 18. Jahrhundert berühmte *Henriade* wurde und die er dem Regenten widmen wollte. Dieser starb aber; außerdem passierte *La Ligue* nicht die Zensur.

1726 findet der folgenreiche Streit mit dem Chevalier de Rohan statt: Rohan greift Voltaire an wegen seines »de«, Voltaire bleibt dem unansehnlichen Sprößling der großen Familie nichts schuldig. Bei einem Essen im Hause Sully wird Voltaire herausgerufen und vor der Tür von den

Schergen Rohans mit Stöcken verprügelt, während Rohan dabeisteht und meint, man solle nicht so fest auf den Kopf schlagen, es könne noch etwas darin sein. Voltaire will sich rächen, wird aber zum Schutz Rohans in die Bastille gesperrt. Der vorher so hilfreiche Sully steht auf der Seite seines Standesgenossen Rohan und hilft Voltaire nicht. Voltaire findet Ruhe und Zeit, die aus *La Ligue* entwickelte *Henriade* zu vollenden, in der er Henri IV. als den tolerantesten der bisher dagewesenen Könige Frankreichs rühmt. Gleichzeitig läßt er den Namen Sully daraus verschwinden, der der Kanzler Henris gewesen war und der nicht unbeträchtlich teilhatte an dessen Politik. Schließlich bittet Voltaire, nach England ins Exil gehen zu dürfen, was ihm genehmigt wird.

In England hatte nach der Herrschaft Cromwells und der *glorious revolution* 1688 Wilhelm III. von Oranien die konstitutionelle Monarchie eingerichtet, in der das Parlament die vom König auszurufenden Gesetze bestimmte. Die politischen Hauptparteiungen waren die Tories, Anhänger der Besitzenden und des anglikanischen Klerus, und die Whigs, Anhänger des Bürgertums und Befürworter der Freiheit des Glaubens. Die politische Entwicklung ging mit der Entwicklung der englischen Aufklärung einher, die ein so großes Vorbild war für die »freien Denker« und »starken Geister« Frankreichs.

Voltaire wurde von seinen englischen Freunden, die er aus Paris kannte, und insbesondere von Lord Bolingbroke, in die Aristokratie und die politischen Kreise Englands eingeführt, wo er nicht nur seiner dichterischen Begabung wegen interessant gefunden wurde, sondern auch, weil er in der Bastille gesessen hatte. Hier machte er die Bekanntschaft mit Pope, Swift und Congreve.

Unter der Protektion Georgs II. findet 1728 eine Ausgabe der *Henriade* statt. Ein großer Erfolg, besonders in finanzieller Hinsicht. Ende desselben Jahres kehrt Voltaire nach Frankreich zurück, zunächst nach St. Germain-en-Laye vor Paris, dann in die Hauptstadt selber. Dort bemüht er sich, die inzwischen seinem älteren Bruder Armand abgetrotzten 150 000 Livres aus der Erbschaft des 1722 verstorbenen Vaters zu vermehren. Wie Voltaire seine Geldgeschäfte im einzelnen abwickelte, liegt im dunkeln. Bekannt sind seine Aktienteilhaberschaften und sein Coup in der Lotterie, die er sprengte, nachdem deren neuer Direktor Pelletier-Desforts ein neues System eingeführt hatte, bei dem man, wenn man alle Lose kaufte, alles gewinnen mußte.

1733 veröffentlichte Voltaire die Satire *Le Temple du goût (Der Tempel des Geschmacks)*, die ihm die Feindschaft einiger Dichterkollegen einbrachte. Im folgenden Jahr werden die *Lettres philosophiques*, mit den 1733 hinzugefügten Anmerkungen zu Pascal, ohne Genehmigung in Paris verkauft. Zuvor waren sie als *Letters Concerning the English Nation* in England erschienen. Im *Mercure de France* vom August 1734 wird die Verurteilung des Buches durch den Hof und die Anordnung bekanntgegeben, es zerreißen und verbrennen zu lassen.

In seinen *Philosophischen Briefen* geht Voltaire auf Fragen des Glaubens und der Philosophie ein. So war Anfang des 18. Jahrhunderts der Streit zwischen den nach dem spanischen Jesuiten Molina (1525–1600) Molinisten genannten Jesuiten und den Jansenisten, deren Begründer Cornelius Jansen (1585–1631) sich gegen die Jesuiten wandte, wobei er sich auf Augustin stützte, noch in vollem Gange. In Klarheit ausformuliert findet sich dieser Streit in den *Lettres écrites à un provincial* von Pascal, der der jansenistischen Bewegung von Port Royal angehörte. Während gemäß dem Kasuisten Molina Ausnahmen von den zehn Geboten gestattet wurden und Escobars Laxismus Verbreitung fand, griffen die Jansenisten die Erbsünde wieder auf und machten die Schlechtigkeit der menschlichen Natur zum Ausgangspunkt ihrer Betrachtungen. Ergebnis des Streits zwischen Jesuiten und Jansenisten war 1713 die Bulle *Unigenitus* gegen die Jansenisten, um deren Erlaß Ludwig XIV. den Papst gebeten hatte. Gleichzeitig verbreitet sich die Natürliche Religion der Aufklärer, der Deismus, bei dem Gott nach der Schöpfung nicht mehr in das Geschehen der Welt eingreift. Daneben gibt es Atheisten wie d'Holbach und Materialisten wie La-Mettrie, der, zunächst noch Jansenist, in den vierziger Jahren des 18. Jahrhunderts über die »Maschine Mensch« schreibt. In der Hauptsache gibt es zwei Arten von Gottesbeweisen: den physiko-theologischen Beweis, der sich auf die Wunder der Natur und die Zusammensetzung der Welt beruft, und den, der die Zweckbestimmtheit der Dinge als Beweismittel einsetzt. So meinte z. B. Bernardin de St. Pierre, es gebe die Schwarzen, damit man sie von den Weißen unterscheiden könne (vgl. auch den drittletzten Absatz des 14. Briefes).

Malebranche hält Gott für gebunden in seiner eigenen Weisheit; Descartes spricht von zwei Ordnungen, der physischen (Ausdehnung, Körper, Materie) und der intellektuellen, Pascal fügt dem als drittes noch Barmherzigkeit und Wahrheit hinzu.

Die Philosophie teilt sich in die Gedanken der Scholastik, in Descartes' und in Newtons Philosophie. Die scholastische Philosophie stützt sich vor allem auf Thomas von Aquin. Die »verborgenen Eigenschaften« der Scholastik sind klar, denn alles ist von Gott festgelegt. Bei Descartes sind die Ideen eingeboren, während sie bei Bacon, Locke und Newton (die zu Voltaires Zeit in Frankreich weitgehend unbekannt sind) über die Sinne kommen. Descartes folgt einer deduktiven Überlegung und geht von ewigen Gesetzen aus, die Philosophen der Aufklärung gehen induktiv vor und schließen von Experimenten und Beobachtungen auf Gesetzmäßigkeiten. Nach Descartes sind die Sinne dem Menschen zum Schutz gegeben, wie man an den Blinden sehe, und nicht zur Erweiterung der Kenntnisse, da sie uns täuschten, wie man anhand eines geraden Stabes nachweisen könne, der, zum Teil in Wasser gesteckt, gebrochen erscheine. Deshalb müsse man die Seele unabhängig machen von den durch den Körper vermittelten Einflüssen. Malebranche hält die Sinne für etwas Gutes, das von den Menschen schlecht gebraucht wird. Für die Sensualisten gelangen die Gedanken und Vorstellungen erst über die Sinneswahrnehmung zum Verstand.

Voltaire ist Philosoph im Sinne seiner Zeit, so, wie d'Alembert es einleitend in der *Enzyklopädie* darstellt. Philosophie umfaßt eine Reihe inzwischen selbständig gewordener Naturwissenschaften, wie Physik, Biologie, Chemie etc., die Geisteswissenschaften und die Schriftstellerei. Als Feind von Fanatismus, Intoleranz und Unmenschlichkeit interessiert er sich mehr für den praktischen Aspekt: Welchen Zweck hat eine Idee und wie ist sie verwendbar; die Philosophie wird der Moral untergeordnet. »Das Wohl der Menschheit erfordert, daß der Mensch glaubt, frei zu sein, und wenn der Fatalismus wahr wäre, dann wollte ich solch eine grausame Wahrheit nicht.« Die Idee von der Unsterblichkeit der Seele ist, wie die vom freien Willen, wichtig für die Moral, ebenso ist der Glaube an ein Gericht nach dem Tode im Interesse der Gesellschaft: »Man darf eine dem Menschengeschlecht so nützliche Meinung nicht erschüttern.« (vgl. auch den 13. Brief.) Gottesbeweise gibt es so viele, weil sich Gottes Existenz nicht beweisen läßt. Voltaire hat einen negativ formulierten Gottesbeweis: »Ich könnte mir nicht vorstellen, daß dieses Uhrwerk besteht und keinen Uhrwerksmeister hätte.« Im übrigen hat der Glaube an Gott seinen Zweck, und wenn er nicht existierte, »müßte man ihn erfinden«. Er weist d'Holbachs *Système de la nature* zurück und wirft ihm vor, Diderot zum Atheismus gebracht zu haben. Der Atheismus sei, ebenso wie der Fanatismus, der menschlichen Gesellschaft schädlich. Tugend ohne Gott erfordere eine Erhabenheit der Intelligenz und eine seelische Kraft, über die nur eine Minderheit verfügen könne.

Seinem Spott über die bei jeder Gelegenheit Systeme einführenden Philosophen und seiner Abneigung gegenüber der Metaphysik verwandt ist sein Bewußtsein von der Begrenztheit des menschlichen Verstandes. Er selber hat kein eigenes System zum Weltverständnis entwickelt, und jedes allumfassende System ist ihm suspekt. Er rühmt in Newton das Genie und zugleich die selbsteingestandene Unkenntnis, und er schätzt die Philosophen, die sich bescheiden an die Resultate ihrer Beobachtungen und Erfahrungen halten, und die dem nicht ihre Träume und Vorstellungen überordnen: Gassendi, Fontenelle, Bayle, Bacon, Locke, Newton. Der Rest seien Traumtänzer und Scharlatane: Plato, Descartes, Spinoza und Leibniz hätten allenfalls interessante Romane geschrieben.

In den Anmerkungen zu Pascal wird seine Haltung einigermaßen deutlich: Er setzt Pascal seinen Optimismus entgegen (25. Brief, Nr. x und xi), er wendet sich gegen eine Vermischung des Glaubens mit anderen Bereichen, z. B. mit der Philosophie (25. Brief, Nr. ii und v), und gegen die Idee, man könne Gottes Existenz beweisen: »Noch einmal, laßt uns Gott verehren, ohne in seine Geheimnisse eindringen zu wollen« (25. Brief, Nr. xii), und gegen Pascals Mystik stellt er seine utilitaristische Auffassung des Glaubens (25. Brief, Nr. xxii, xxiii, xxvi und li, s. o. auch die Äußerungen zur Unsterblichkeit der Seele). Der Glaube an eine höhere Ordnung, auch wenn man sie nicht durchschaut, ist unabdingbar für den Fortbestand der menschlichen Gesellschaft.

In seinem philosophischen Vorgehen benutzt Voltaire diverse Ideen, die er für seine Ziele einsetzt: die cartesianische Methode der Analyse und das deduktive Überlegen, den methodischen Zweifel und das Bemühen um Klarheit und Genauigkeit geistiger Vorgänge. Ebenso aus der französischen klassischen Tradition stammt die Anwendung einer rationalistischen Kritik auf gesellschaftliche und religiöse Einrichtungen, die *raison universelle* wird für die Angelegenheiten der Menschen instrumental eingesetzt. Von Fontenelle hat er das Vertrauen in den Fortschritt und den letztendlich optimistischen Ausblick auf die Zukunft der Menschen. Den Glauben an die Möglichkeit eines Fortschritts durch Philosophie und Wissenschaft hat Voltaire eigentlich nie verloren. Von den *libertins* des 17. Jahrhunderts und der Gesellschaft des *temple* her rührte sein Geist religiöser Skepsis, der sich mit lässiger Moral und mit Witz und Bildung verband.

Durch seinen Aufenthalt in England wird er Anhänger von Newtons Naturwissenschaft, und er bewundert die Vorstellung, daß das ganze Universum aufgrund des einen Gesetzes der Anziehungskraft zusammengehalten wird, und den Geist, der in der Lage war, das zu erfassen. Die englischen Deisten, deren Ideen er für sich übernimmt, lieferten ein ganzes Arsenal von Angriffsmöglichkeiten gegen den Klerus: Woolston, Tindal, Peter Annet, Middleton, Collins, Toland und Bolingbroke. Voltaire sah sich außerdem als guten Schüler des Empirismus, wobei der Name Lockes nicht weit davon entfernt war, zum Fetisch für Moderne zu werden.

Darüber hinaus bewunderte Voltaire die Anerkennung, die Philosophen und Schriftsteller in England genossen, die Freiheit, mit der man politische Probleme besprach, das Ansehen der Handelsleute, und daß Handel und Wissenschaft den Fortschritt des gesellschaftlichen Wohlstandes bewirken konnten (vgl. 10. Brief) – darin war er ganz französischer Bürger, der aufsteigen und vom Adel als gleichberechtigt anerkannt werden will, einem Adel, dessen einzelne Vertreter mit ihm befreundet sein können, den er aber als Klasse ablehnt.

Die Form, in der Voltaire seine Ideen zum Ausdruck bringt, paßt er dem Geschmack seiner Zeit an. Kritik aus dem Publikum, von Freunden gemachte Anregungen usw. spielen hier ihre Rolle. Dabei ist ihm vor allem an dem Prinzip des gleichzeitigen Nützens und Erfreuens gelegen. Ähnlich wie er schon die Schulstunden des Jesuitenpaters Porée beschreibt, sagt er später von seiner Oper *Samson*, Tugend brauche Sinnenfreuden, um Wahrheit interessant zu machen.

Zur Zeit der Arbeit an den *Philosophischen Briefen* galt der Roman als die niederste literarische Gattung. Darum waren Reisebeschreibungen und Briefe, Erlebniserzählungen und Journale die gängigen Prosaformen. Die Briefe Voltaires haben, was die Kritik Frankreichs betrifft, neben der *Histoire d'Angleterre* von Rapin-Thoyras in den 1721 erschienenen sehr erfolgreichen *Persischen Briefen* Montesquieus einen Vorläufer.

Die Mischung von Ernst und Komik im Stil Voltaires rührt einerseits von einer Art Pirouette her, in der, nach einem längeren, ernsthaften Satzbeginn, mit einer unerwarteten Wendung und einem kurzen Schluß alles vorher Gesagte demoliert wird (4. Brief). Andererseits ist sie die Folge einer offensichtlichen Verstellung und der Methode der falschen Zurückweisung, wie z. B. im ersten und am Ende des fünften Briefes.

Bemerkenswert ist Voltaires Vorgehensweise, die nicht immer unserem Begriff von objektiver Darstellung entspricht: Hinter der harmlosen Darstellung, die Sekte der Sozinianer »sei noch zu klein, die Freiheit zu öffentlichen Versammlungen zu erhalten«, verbirgt sich deren Ausschluß vom Toleranzedikt 1689 und das Verbot von 1721. Auch die Gestalt des William Prynne ist etwas komplexer, als es scheint, wie aus den zur Einsicht empfohlenen Protokollen hervorgeht (vgl. 23. Brief, Anm. 19). Voltaire verharmlost hier den politischen Terror (auch den der *star chamber*, vgl. 23. Brief, Anm. 25), weil es ihm gerade ins Konzept paßt: Er will im Fall Prynnes die Kunstpflege gezeigt wissen und nicht ihre Begleiterscheinungen, die ihn, den späteren selbsternannten Anwalt der Freiheit und Bekämpfer der Unterdrückung, eigentlich noch mehr entrüsten müßten, als die abstruse Kritik Prynnes, die im übrigen ja zum Wohl der Könige gemeint war. Daß Prynne, ganz im Sinne Voltaires, den Klerus angriff und gegen die Exekution Charles' I. war, wird uns verschwiegen. Desgleichen schreibt er nicht über die Quäker, weil er ihren Glauben teilt. Er findet die Quäker lächerlich, weil sie nicht dem Geschmack der höfischen Edelleute des französischen Rokoko entsprechen. Aber sie sind ein Beispiel für Religionsvielfalt, und die Gedankenfreiheit des William Penn entspricht den Idealen der Aufklärung. Ebenso ist es der höfische Geschmack, die Freude am Luxus, die Voltaire schon in der Schule kennenlernte, die ihn die Prediger der Armut ablehnen läßt (vgl. 6. Brief).

Diese etwas eigenwillige Regieführung bei der Verwendung von Tatsachen und sein Hang, Possen zu reißen bei der Erörterung ernsthafter Dinge, mit denen er sich selbst auch gründlich befaßt hat, oder aber gesellschaftliche Geschmacksnormen über Probleme der Weltanschauung zu stellen, führen zu einem zweiten Aspekt Voltaires, der dem des Rationalisten entgegengesetzt ist: Er neigt zu Heftigkeit und Unbeherrschtheit. So beschimpft er im Theater die Zuschauer als Barbaren, wenn sie seine Stücke nicht gut finden, und um sie zu größerem Beifall zu bewegen, schreit er, das soeben gesehene Stück sei so gut wie von Sophokles. Im Salon der Duchesse du Maine bedroht er seine langjährige Freundin Emilie du Châtelet mit einem Messer, damit sie ihn nicht mehr so ansehe mit ihrem »falschen und verstörten Blick«. Ein gut Teil seiner Zeit verbringt er mit Streitereien um Kleinigkeiten, er erforscht jedes Detail zur Gänze, zieht von allen Seiten Erkundigungen ein, trifft Arrangements auf seine Art und schmeichelt auch den schlimmsten Feinden, um sie sich zu Hilfskräften zu machen. Hierin ist Voltaire nicht mehr der Vernunftmensch, als den wir ihn kennen.

Diese Unberechenbarkeiten und Launen, wie z. B. die Behauptung, nicht am 21. November 1694, sondern am 20. Februar desselben Jahres geboren zu sein, oder die Verleugnung des tatsächlichen Vaters zugunsten des Abbé de Chateauneuf, können Anlaß geben zu allerlei Spekulationen.

Doch es erscheint angebrachter, Voltaire so zu beurteilen, wie er es mit anderen tun will: ausschließlich nach ihrem Werk (vgl. 21. Brief). Und da sieht man dann den alles Unbrauchbare übergehenden Handarbeiter und Verbreiter der Philosophie, der uns die philosophischen, religiösen und naturwissenschaftlichen Strömungen seiner Zeit darstellt, der sein Verlangen nach geistiger Freiheit und seinen Glauben an den Fortschritt vorträgt, und in dessen erstem philosophischen Werk bereits die Philosophie der späteren Arbeiten angelegt und angedeutet ist.

Voltaire im Diogenes Verlag

Candide oder Der Optimismus

Aus dem Französischen von Stephan Hermlin.
Mit einem Nachwort von Ingrid Peter

»Wenn ich wieder einmal, wie es im Zeitalter der globalen Aufrüstungen und Versklavungen ja geschehen muß, an der Welt verzweifle, genügen ein paar Seiten aus Voltaires zauber-märchenhaften und doch so prall anschaulichen Erzählung *Candide*, um neue Spannkraft zu provozieren – der Funke seines Lebensfeuers springt auf den Leser über wie je. ›Lest Candide‹, rief Döblin den Deutschen nach 1945 zu: Im Rebellen hatte er den Mitkämpfer für eine bessere Gesellschaft erkannt.« *Robert Minder*

»Das Buch strotzt von jenem boshaften Humor, der uns wie nichts dazu befähigt, uns mit der Mühsal des Lebens abzufinden.« *John Cowper Powys*

»Voltaire ist die Essenz ganz Frankreichs und des ganzen achtzehnten Jahrhunderts.« *Egon Friedell*

»Er besaß die Zärtlichkeit einer Frau und den Zorn eines Helden. Er war ein großer Geist und ein ungeheures Herz.« *Victor Hugo*

Gedanken regieren die Welt

Eine Auswahl. Herausgegeben und
mit einem Vorwort von Wolfgang Kraus

»Ach, die Barbarei besteht noch, mag also die Philosophie protestieren! Die Waffe lechzt nach Blut, so muß die Zivilisation sich entrüsten! Fragen wir die mächtigen Denker um Rat, Voltaire, Diderot, Montesquieu. Geben wir diesen großen Stimmen das Wort!«
Victor Hugo

»Ich halte Sie für das größte Genie, das die Welt hervorgebracht hat.«
Friedrich der Große in einem Brief an Voltaire

»Tiefe, Genie, Anschauung, Erhabenheit, Naturell, Talent, Verdienst, Adel, Geist, schöner Geist, guter Geist, Gefühl, Sensibilität, Geschmack, guter Geschmack, Verstand, Richtigkeit, Schickliches, Ton, guter Ton, Hofton, Mannigfaltigkeit, Fülle, Reichtum, Fruchtbarkeit, Wärme, Magie, Anmut, Grazie, Gefälligkeit, Leichtigkeit, Lebhaftigkeit, Feinheit, Brillantes, Saillantes, Petillantes, Pikantes, Delikates, Ingenioses, Stil, Versifikation, Harmonie, Reinheit, Korrektion, Eleganz, Vollendung. Von allen diesen Eigenschaften und Geistesäußerungen kann man vielleicht Voltairen nur die erste und letzte, die Tiefe in der Anlage und die Vollendung in der Ausführung, streitig machen... Der größte Name der Literatur der neueren Zeit und vielleicht aller Jahrhunderte.«
Johann Wolfgang Goethe

»Goethe hat zur Menschheit die hohe, ferne Liebe eines Gottes zu seiner Schöpfung; Voltaire kämpft für sie im Staub.« *Heinrich Mann*

Michel de Montaigne im Diogenes Verlag

»Montaignes Essais: Ein großes Lese- und Lehrbuch vom richtigen Leben, das man nicht einmal und nie zu Ende lesen kann, sondern so aufnehmen muß, wie es geschrieben wurde, schweifend, abbrechend und wieder neu anfangend.«
Rolf Michaelis/Die Zeit, Hamburg

»Nur zwölf Generationen trennen uns von diesem gesunden Einzelexemplar zwischen den Zeiten. Nur? Wenn es um Liebe und Eifersucht, um Schmerzen und Angst, um Selbsterkenntnis und selbst gelegte Fallen im Alltag geht, ist Michel de Montaigne Zeitgenosse.«
Mathias Greffrath

»Diese genialen Versuche sind frisch wie am ersten Tag.« *Gert Ueding/Die Welt, Bonn*

Essais
nebst des Verfassers Leben nach der Ausgabe von Pierre Coste, ins Deutsche übersetzt von Johann Daniel Tietz. Mit Personen- und Sachregister sowie einem Nachwort zu dieser Ausgabe von Winfried Stephan

Essais
Eine Auswahl. Vorgestellt von André Gide

Über Montaigne
Aufsätze und Zeugnisse von Blaise Pascal bis Elias Canetti. Herausgegeben von Daniel Keel. Deutsch von Irene Holicki und Linde Birk. Mit Chronik und Bibliographie

Wilhelm Weigand
Michel de Montaigne
Eine Biographie

Blaise Pascal
Größe und Nichtigkeit des Menschen

Aus dem Französischen von Ferdinand Bruckner
Mit einem Nachwort von Egon Friedell

»Da war einmal ein Mensch, der als Zwölfjähriger mit Hilfe von Stäben und Ringen die mathematische Wissenschaft begründete; der mit 19 Jahren eine Wissenschaft, die nur dem Verstande zugänglich war, maschinell erfaßbar gemacht hat; der mit dreiundzwanzig die Phänomene des Luftgewichts aufzeigte und damit einen der großen Irrtümer der älteren Naturwissenschaft zerstörte; der in einem Alter, in dem die anderen Menschen kaum damit begonnen haben zu erwachen, bereits den ganzen Umkreis des menschlichen Wissens umschritten hatte, als er auch schon dessen Nichtigkeit erkannte und sich der Religion zuwandte; der von diesem Zeitpunkt an bis zu seinem neununddreißigsten Lebensjahr trotz ständiger Schwächeanfälle und Schmerzen die Sprache Bossuets und Racines vollendete und für den vollkommensten Witz wie für die schärfste Kritik bleibende Muster aufstellte; der schließlich zu seiner Zerstreuung eines der schwierigsten Probleme der Geometrie löste und Gedanken aufs Papier brachte, welche über Gott und die Menschen gleich viel aussagten. Dieses erschreckende Genie hieß Blaise Pascal.« *Chateaubriand*

»Pascal ist einer der größten Geister.« *Paul Valéry*

»In der Vereinigung von Glut, Geist und Redlichkeit der erste aller Christen.« *Friedrich Nietzsche*

»Der stärkste Geist Frankreichs seit Montaigne.« *Hermann Bahr*

Marquis de Vauvenargues

Große Gedanken entspringen im Herzen

Herausgegeben und mit einem Vorwort von Wolfgang Kraus. Aus dem Französischen und mit einem Nachwort von Candida Kraus

Frontispiz von Ch. Colin

»Man darf den Leser nicht voraussehen lassen, was man ihm sagen will, sondern muß ihn dazu bringen, den Gedanken selbst zu finden. Dann achtet er uns, weil wir denken wie er, aber langsamer, als er es tut.«
Vauvenargues

»Mit Vauvenargues (1715–1747) begann jener Aufbruch des Gefühls, der noch deutlicher bei Jean-Jacques Rousseau, bei Novalis und in der Romantik sichtbar wurde und später im Werk Friedrich Nietzsches eine leuchtende Apotheose erlebte.
Die Sätze Nietzsches über die Leidenschaften, die zu Tugenden werden, wirken vielfach wie Abwandlungen von Gedanken des Vauvenargues.« *Wolfgang Kraus*

»Voltaire war einer der wenigen, die seinen hohen Geist sofort erkannten, und schrieb an den um zwanzig Jahre jüngeren Kollegen: ›Wären Sie um einige Jahre früher auf die Welt gekommen, so wären meine Werke besser geworden...‹
Er ist der früheste Prophet des Herzens; aber noch in einer männlichen unsentimentalen Form, die einem stärkeren und zugleich weniger komplizierten Geschlecht angehört.« *Egon Friedell*

Montesquieu
Vom glücklichen und weisen Leben

Aus dem Französischen
von Erwein Freiherr von Aretin

»Es gibt zwei Arten glücklicher Menschen. Die einen werden lebhaft durch Dinge erregt, die ihrer Seele zugänglich und von ihnen leicht zu erwerben sind. Sie empfinden lebhafte Wünsche; sie hoffen, sie genießen und fangen bald aufs neue an zu wünschen.
Die anderen sind so veranlagt, daß sie ständig in einer leisen Schwingung sind, die nicht aufgepeitscht, sondern unterhalten wird; ein Buch, ein Gespräch genügt ihnen.« *Montesquieu*

Ob sich Montesquieu über den Staat, die Schöpfungen des Geistes, die Religion oder die Geschichte äußert und an ihnen Kritik übt – immer geht es um den Menschen und die Gestaltung seines Lebens in dieser Welt. Der scharfe Geist, der vollendete Stil, das universale Wissen machen das Lesen dieser Aufzeichnungen zum geistigen Genuß, ihre Weisheit aber macht sie unvergänglich.

Victor Hugo im Diogenes Verlag

»Man hat diesen Mann viel angegriffen, weil er groß ist und sich Neider gemacht hat. Man war zunächst erstaunt, und dann errötete man, als man ein Genie von der Größe jener vor sich sah, die man seit Jahrhunderten bewundert; denn der menschliche Hochmut liebt es nicht, noch grünen Lorbeer zu achten. Ist Victor Hugo nicht ebenso groß wie Racine, Calderón, Lope de Vega und viele andere, die schon seit langem bewundert werden?«
Gustave Flaubert

»Die französische Literatur besitzt keinen zweiten Dichter, der mit gleicher Gewalt eine solche Fülle von Bildern zusammengezwungen, so mächtige Symbole heraufbeschworen, Klänge und Rhythmen so meisterhaft gehandhabt hat, wie Victor Hugo.« *André Gide*

Fantine
Die Elenden I. Deutsch von Paul Wiegler
und Wolfgang Günther

Cosette
Die Elenden II. Deutsch von Paul Wiegler
und Wolfgang Günther

Der letzte Tag eines Verurteilten
Deutsch von und mit einem
Vorwort von W. Scheu

Der Glöckner von Notre-Dame
Roman. Deutsch von Philipp Wanderer
Nachwort von Arthur von Riha

Friedrich Nietzsche im Diogenes Verlag

»Der Geist braucht von Zeit zu Zeit einen dämonischen Menschen, dessen Übergewalt sich auflehnt gegen die Gemeinschaft des Denkens und die Monotonie der Moral... Tritt man in Nietzsches Bücher, so fühlt man elementarische, von aller Dumpfheit, Vernebelung und Schwüle entschwängerte Luft: man sieht frei in dieser heroischen Landschaft bis in alle Himmel hinauf und atmet eine einzig durchsichtige messerscharfe Luft, eine Luft für starke Herzen und freie Geister.«
Stefan Zweig

»Nietzsche ist, was sich immer deutlicher zeigt, der weitreichende Gigant der nachgoetheschen Epoche und seit Luther das größte deutsche Sprachgenie.«
Gottfried Benn

Brevier
Ausgewählt, herausgegeben
und mit einem Vorwort von
Wolfgang Kraus

Vom Nutzen und Nachteil der Historie für das Leben
Herausgegeben und mit einem Nachwort
von Michael Landmann

Gedichte
Ausgewählt von
Anton Friedrich. Mit einer Rede von
Thomas Mann

Walter Nigg
Friedrich Nietzsche
Mit einem Nachwort von Max Schoch

Der französische Geist

Die Meister des Essays
von Montaigne bis Giraudoux
Herausgegeben und mit einer Einführung
von Gustav René Hocke
Zweisprachige Ausgabe
Aus dem Französischen von
Peter M. Schon

Gustav R. Hocke gibt in einem ersten Teil dieses lebendigen und amüsanten Werkes eine Gesamtdarstellung der Kunst des Essays als einer hervorragenden Dokumentierung des französischen Geistes. – Im Hauptteil kennzeichnet der französische Mensch durch die Stimme seiner großen Sprachgestalter von Montaigne bis Valéry und Giraudoux mit geistiger Schärfe und literarischer Ausgeglichenheit sich selbst in einer Folge von meisterlichen Essays, die Bestandteil der Weltliteratur sind. Das Nebeneinander der französischen Originaltexte und der deutschen Übersetzung ermöglicht ein lebendiges Eindringen in Geist und Ausdrucksform der Sprache.

Mit Essays von Montaigne, Malebranche, La Bruyère, Fénelon, Fontenelle, Montesquieu, Voltaire, Diderot, Rousseau, Vauvenargues, Chamfort, Rivarol, Stendhal, Hugo, Michelet, Sainte-Beuve, Taine, Renan, Valéry, Giraudoux, Du Bos, Larbaud, Thibaudet

Ein Panorama europäischen Geistes

Texte aus drei Jahrtausenden,
ausgewählt und vorgestellt von
Ludwig Marcuse. Mit einem Vorwort von
Gerhard Szczesny
Drei Bände in Kassette:
I. Diogenes bis Plotin
II. Augustinus bis Hegel
III. Karl Marx bis Thomas Mann

»Vernünftigerweise sollte man diese Sammlung nicht unter dem bedrückenden Aspekt zur Hand nehmen, daß man alle in ihr zu Wort kommenden Geistesheroen eigentlich kennen müßte, sondern in der Gewißheit, daß nicht alles zwischen Hiob und Thomas Mann für jeden Leser gleich wichtig ist. ›Jeder‹, so schrieb Ludwig Marcuse zum Bildungsproblem, ›sollte frei sein, sich ins Herz treffen zu lassen oder keine Notiz von einem Meister zu nehmen.‹« *Gerhard Szczesny*

»Ludwig Marcuse ist nach Schopenhauer und Nietzsche der beste Schreiber unter den deutschen Philosophen, was seinem Ruf so schlecht bekommen ist wie dem der beiden großen Vorgänger.«
Rudolf Walter Leonhardet/Die Zeit, Hamburg

»Ludwig Marcuse war keiner Gruppe, keiner Clique zugehörig, war nie als Claqueur zu mißbrauchen. Dieser intensiv gläubige Ungläubige vollzog immer wieder in seiner Philosophie, in seinen Artikeln und Büchern etwas, was man Kulturrevolution am eigenen Leibe nennen könnte.« *Heinrich Böll*